LE PAYS
DES
AMOURS

PAR

MAXIMILIEN PERRIN

auteur de

Mademoiselle de la Rigolboche, les Coureurs d'Amourettes, un Ami de ma Femme, les Folies de Jeunesse, la Fille du Gondolier, l'Amour à la Campagne, la Belle de Nuit, la Famille du Mauvais Sujet, le Trouble ménage, le Débardeur, Cœur de Lièvre, François les Bas bleus, l'Autel et le Théâtre.

(Entièrement inédit.)

II

PARIS

L. DE POTTER, LIBRAIRE-ÉDITEUR

RUE FONTAINE MOLIÈRE, 27.

LE

PAYS DES AMOURS

LES MARIONNETTES DU DIABLE
PAR XAVIER DE MONTÉPIN

LA JEUNESSE DU ROI HENRI
PAR LE VICOMTE PONSON DU TERRAIL
ROMAN HISTORIQUE

UNE FEMME A TROIS VISAGES
PAR CH. PAUL DE KOCK

LE ROI DES GUEUX
PAR PAUL FÉVAL

LES ÉMIGRANTS
PAR ÉLIE BERTHET

LES PRINCES DE MAQUENOISE
PAR H. DE SAINT-GEORGES

LE PAYS
DES
AMOURS

PAR

MAXIMILIEN PERRIN

auteur de

Mademoiselle de la Rigolboche, les Coureurs d'Amourettes, un Ami de ma Femme, les Folies de Jeunesse, la Fille du Gondolier, l'Amour à la Campagne, la Belle de Nuit, la Famille du Mauvais Sujet, le Trouble ménage, le Débardeur, Cœur de Lièvre, François les Bas bleus, l'Autel et le Théâtre.

(Entièrement inédit.)

II

PARIS

L. DE POTTER, LIBRAIRE-EDITEUR

RUE FONTAINE MOLIÈRE, 27

Droits de traduction et de reproduction réservés.

1860

LES
PRINCES DE MAQUENOISE

PAR

H. DE SAINT-GEORGES

auteur de l'*Espion du grand monde*, un *Mariage de prince*, et des œuvres dramatiques suivantes : les *Mousquetaires de la Reine*, le *Val d'Andorre*, la *Reine de Chypre*, la *Fille du régiment*, etc., etc.

Les *Princes de Maquenoise* ont produit une grande impression à leur apparition.

Cette impression est dûe non-seulement au mérite de ce livre et au nom de l'auteur, mais à ce qu'on y retrouve les brillantes qualités des meilleures productions de M. de Balzac.

Origininalité puissante du sujet, observation merveilleuse du cœur humain et de la vie sociale, de la vie de Paris, surtout ; cette tendre et religieuse philosophie de l'âme qui touche parfois aux idées les plus élevées, et explique la popularité si générale, si européenne des romans de Balzac, voilà ce qui existe à un degré très-éminent dans les *Princes de Maquenoise*.

Quant à la partie théâtrale et saisissante du drame, on peut s'en rapporter à M. de Saint-Georges, l'auteur de tant d'ouvrages dramatiques qui depuis quinze années font la fortune de tous les théâtres de notre capitale et des pays étrangers.

Un auteur d'une grande valeur, Mme Ch..... R......., disait en achevant un livre de M. de Saint-Georges : Quand on termine un de ses chapitres on croit toujours voir baisser la toile.

C'est à la fois un grand éloge et une vérité.

MORTE ET VIVANTE

PAR

HENRY DE KOCK

Voici un nouveau roman d'Henry de Kock, dans lequel l'auteur de *Brin d'amour* de *Minette*, du *Médecin des voleurs* a déployé des qualités qui font décidément de lui un des écrivains avec lesquels il faut compter. *Morte et Vivante*, est un livre d'un haut enseignement moral en même temps qu'un livre de style et d'imagination. Un intérêt soutenu jusqu'aux dernières lignes, des caractères vrais, des détails d'une observation saisissante, telles sont encore les qualités de cet ouvrage que tout le monde voudra je ne dis pas seulement lire, mais encore relire, en lui donnant une des plus belles places dans sa bibliothèque.

Paris. — Imprimerie de P.-A. BOURDIER et Cie, 30, rue Mazarine.

CHAPITRE PREMIER

1

Laissons en paix la mère Lambert sous la garde de sa fille et de Jeannette, puis retournons au château de Bracieux, où nous retrouvons la baronne et sa fille Hélène réunies dans le même salon ; la baronne, le visage empreint de l'expression de la douleur la plus vive et sa fille, immobile sur un fauteuil, écoutant avec humeur et impatience les paroles que lui adressait sa mère.

—Ruinée, bientôt chassée ignominieusement de cette demeure, et tout cela par votre faute, misérables enfants, vous qui, dédaignant mes conseils, n'avez écouté que ceux que vous dictaient vos passions insensées, vous qui, en chassant Madeleine de ce château, en la poursuivant de votre haine jalouse jusque sous l'humble toit de sa famille, vous êtes fait une ennemie de celle qui pouvait seule nous sauver de la ruine, celle en qui je plaçais toutes mes espérances. Répondez, vous et votre frère, quel avantage avez-vous retiré de toutes vos persécutions envers une fille innocente et bonne ? Vous, Hélène, en êtes-vous plus aimée du marquis de Vardes ? Non, car il vous était amical, et aujourd'hui il vous déteste. Votre frère a-t-il conquis le cœur et la possession de Madeleine ? Allez le lui demander dans l'asile où il se tient caché en ce moment afin de se soustraire aux recherches de la justice devant laquelle tout le pays le désigne comme étant l'assassin du malheureux Lambert... Maintenant, insensés, vous qui avez fait le mal, dites-moi comment vous comptez le réparer, comment vous espérez éviter la misère qui s'avance à grands pas pour s'emparer de vous et ce que vous deviendrez une fois devenus sa proie ?... Mais, répondez donc, répondez donc, méchante fille ! s'écria la baronne avec impatience devant le calme qu'affectait Hélène.

— Que sais-je, moi ! répondit la jeune fille avec humeur et vivacité, en se levant pour parcourir le salon à grands pas, puis s'étant approchée d'une des fenêtres qui donnaient sur le parc, elle ne put s'empêcher de laisser échapper un cri de surprise et de joie.

— Qu'avez-vous? s'informa vivement la baronne.

— J'ai, ma mère, que je vois venir à travers les avenues, le prudent conseiller que vous ne pouvez trouver en moi.

— Mais, qui donc? fit la baronne impatiente.

— Mon frère.

— Quoi, l'imprudent ose venir, se montrer ici ! disait la baronne en courant vers la fenêtre par où elle vit le vicomte qui lui souriait en s'avançant à grands pas et auquel Hélène s'empressa d'ouvrir la porte-fenêtre, afin de l'introduire dans le salon.

— Imprudent! osez-vous bien reparaître en ce lieu ? quelle idée funeste vous y ramène ? s'écria la baronne en voyant entrer son fils.

— Sambleu ! la famine, chère mère, qui ne permet pas à un homme dépourvu d'argent de courir le monde.

—Mais, vous perdez la tête, Gontrand; ne vous ai-je pas remis deux cents louis le jour où vous avez quitté le château pour vous rendre à Paris ?

— En effet, madame, mais ce Paris est un gouffre où tout s'engloutit en peu de temps, enfin, s'il faut tout vous dire : j'ai joué et j'ai perdu.

— Malheureux ! fit la baronne.

— J'ai eu tort, j'en conviens, mais connaissant votre indulgence et votre inépuisable bonté, je reviens à vous, plein de confiance, ainsi que l'enfant prodigue, vous supplier de remplir de nouveau mon escarcelle en vous promettant d'être plus prudent à l'avenir.

— Gontrand, ce que vous demandez est de toute impossibilité, je manque totalement d'argent en ce moment, et s'il faut tout vous avouer, notre procès, qui a été examiné hier par le Parlement, est perdu pour nous.

— Mille dieux ! que m'apprenez-vous là, s'écria Gontrand anéanti.

— La triste nouvelle que m'a signifiée, ce matin, un huissier de la cour suprême ; oui, vicomte, le malheur qui nous frappe aujourd'hui est votre propre ouvrage et celui de votre sœur ; ne vous en prenez qu'à vous et préparez-vous sous peu de jours à quitter ce chateau, berceau de votre enfance, pour aller vivre pauvres et dédaignés, des débris de notre splendeur passée, dans quelque lieu obscur et ignoré.

— Moi, le vicomte Gontrand de Bracieux, j'accepterai la misère, l'humiliation, quand il est pour l'homme adroit et audacieux mille moyens de fortune, allons donc ! arrière la pauvreté ! à moi la richesse, les plaisirs et Madeleine pour maîtresse.

— Gontrand, vous m'effrayez ! s'écria la baronne.

— Frère, tu as raison, des gens tels que nous ne peuvent accepter la médiocrité ; à nous la fortune, quand même ! Unissons pour la conquérir nos efforts et notre adresse, fit à son tour Hélène, en fixant sur sa mère anéantie un regard dont l'aspect déterminé désola la baronne tout en remplissant son cœur d'épouvante.

Gontrand, décidé à tout braver, même la haine des habitants du pays qui l'accusaient d'être le meurtrier de Lambert, résista aux prières de sa mère, qui l'engageait à partir le plutôt possible. Jaloux de braver ses ennemis en se montrant publiquement, notre vicomte se fit seller un cheval, s'arma d'une paire de pistolets et s'élança avec hardiesse dans la campagne en dirigeant sa course à travers la forêt, vers le village de Madeleine.

— Holà ! l'homme, avance ici, cria t-il à un bûcheron qu'il rencontra sur son chemin, afin de lui demander des nouvelles de la famille Lambert.

— Le père étions mort, monseigneur, assasiné traîtreusement par un gueux qui lui avons tiré un coup de fusil, quant à sa veuve et sa fille Madeleine, voilà près d'un mois qu'elles avons quitté le pays sournoisement pour aller on ne sait où, répondit le paysan.

— Comment, Madeleine n'habite plus le village ?... Çà, n'a-t-on nul doute des lieux où sa mère et elle se sont retirées ?

— Point du tout jusqu'à c'theure, monseigneur.

— Malédiction ! cette fille m'échapperait-elle ? se dit Gontrand en rebroussant chemin. Oh ! je la retrouverai, je le veux, et de Vardes me mettra lui-même sur ses traces.

De retour au château, le vicomte s'empressa d'appeler un valet qui lui était dévoué.

— Picard, lui dit-il, c'est en ce moment que j'ai le plus besoin de ton adresse.

— Parlez, monsieur le vicomte ; que faut-il faire ? répliqua le valet, grand garçon au regard hardi, au maintien déluré.

— Picard, Madeleine, que tu connais, a quitté le village ; on ne sait où elle est allée, et cependant, je veux la retrouver, car tu ne dois pas ignorer que je suis amoureux fou de cette belle fille, que j'ai choisie pour être ma maîtresse. Il s'agit donc de me la retrouver.

— Diable, monseigneur, cela ne sera guère facile, vu que le monde est grand, et à moins que vous n'ayez quelque indice qui me mette sur la trace de cette belle fille, je doute de pouvoir vous satisfaire.

— Un indice, demandes-tu ? Rien de

plus facile à te procurer, et pour cela il ne s'agit que d'épier les allées et venues du marquis de Vardes qui, ainsi que moi, est fort épris de Madeleine, et qui mieux est, son préféré, lequel marquis doit connaître le lieu où s'est retirée cette fille et t'y conduiras lui-même. Or, tu vas te rendre au château de Charly, dont tu ne quitteras point la porte de vue, grâce à l'auberge qui est située en face, dans laquelle tu t'installeras et n'en sortiras que pour suivre les pas dudit marquis toutes les fois que tu le verras sortir.

— Mais, monseigneur, s'il est à cheval ou en voiture, cela me sera difficile, observa Picard.

— Aussi, vas-tu monter mon meilleur cheval pour remplir cette mission, et comme de Vardes, lors de ses visites ici, peut avoir remarqué ton visage et qu'il pourrait te reconnaître, tu quitteras ma livrée pour t'affubler en paysan afin de te faire passer à l'auberge où tu vas te mettre à l'affût comme un fermier voyageant pour ses affaires.

— C'est entendu, monseigneur ; quand faut-il partir ?

— Aujourd'hui même, et le plus tôt possible; surtout ne t'avises pas de perdre patience ni de revenir sans avoir réussi.

— Chose convenue; comptez sur moi, monseigneur, répliqua le valet, qui, deux heures après avoir reçu ses instructions, se mettait en route pour le château de Charly.

Depuis plus d'un mois que Madeleine habitait la petite maison de Dampierre, tout son temps avait été consacré par elle et sa servante à soigner et à prodiguer les soins les plus empressés à sa mère, dont l'existence s'éteignait chaque jour de plus en plus, et de laquelle le médecin appelé pour la soigner avait annoncé la fin prochaine ; fatal pronostic qui devait peu tarder à se réaliser, puisqu'un matin, la pauvre femme rendit son âme à Dieu dans les bras de son enfant, sans même avoir eu le temps ni la force de lui donner sa sainte bénédiction.

C'était donc le même jour où Madeleine devenait entièrement orpheline, que le vicomte de Bracieux envoyait Picard à sa recherche, et que ce valet, le lendemain de son arrivée à Charly, ayant vu le marquis sortir du château, s'était mis à ses trousses pour le suivre jusqu'au village de Dampierre et le voir de loin pénétrer dans la petite maison à ce moment tendue de noir, et de laquelle s'échappaient les chants funèbres des prêtres. Picard étant descendu de cheval, s'était rapproché de la maison mortuaire, et là, perdu dans la foule des gens rassemblés pour la cérémonie, le valet tenait son regard fixé sur tous ceux qui entraient ou sortaient. Un quart d'heure au plus d'attente, et le convoi sortit de la maison pour se mettre en marche vers l'église du village.

— C'est elle ! je la reconnais, fit joyeusement Picard en apercevant Madeleine qui, les yeux noyés de larmes, et soutenue par Jeannette, suivait pieusement le cercueil de sa mère.

Le marquis, qui marchait à côté d'elle, lui murmurait les plus douces consolations.

— J'en sais assez, et mon maître sera content, disait de son côté Picard, tout en retournant vers son cheval qu'il enfourcha, pour ensuite prendre le galop en dirigeant sa course vers le château de Bracieux.

— Oui, Madeleine, renoncez à la pensée de vous éloigner, de quitter ce pays où chaque jour il m'est permis de vous visiter, de vous parler de mon amour et de vous adorer à genoux. Madeleine, que craignez-vous de ma part! Est-ce que depuis quinze jours que vous avez perdu votre mère, que vous êtes seule au monde, ma conduite a changé ? Est-ce que mon respect n'est pas toujours aussi pur à votre égard? disait un jour de Vardes à Madeleine.

— Vous êtes un honnête homme, mon ami, et vous possédez toute ma confiance, mais, tout respectueux que vous soyiez envers moi, et que nos relations soient irréprochables, la calomnie finira par nous atteindre, car dans ce pays on commence à s'inquiéter de moi et des visites assidues que vous me rendez; déjà l'oreille de Jeannette, fille dévouée que vous avez attachée à mon service, a été frappée de plusieurs paroles désavantageuses pour ma réputation ; enfin, on se demande qui vous êtes, et si je ne serais pas une fille séduite, votre maîtresse, que vous cachez dans ce pays après l'avoir enlevée à sa famille. Croyez-moi, monsieur le marquis, je suis encore trop près de mes ennemis, de cette Hélène de Bracieux, dont la haine finira par m'atteindre jusqu'ici et me sera funeste de nouveau, car cette fille ne peut me pardonner la préférence que vous avez daigné me donner sur elle. Au nom du ciel, laissez-moi aller vivre en repos et ignorée loin de ce pays, en un lieu, enfin, où je n'aurai pas à redouter à chaque instant du jour le malheur d'être reconnue et en butte aux coupables entreprises du vicomte de Bracieux, cet assassin de mon pauvre père.

— Eh bien ! Madeleine, je cède à vos justes craintes ; oui, sous peu vous quitterez ce pays pour habiter non loin de Versailles, où mon oncle et moi devons passer l'hiver prochain, où vous serez à l'abri des coupables tentatives de nos ennemis, où je pourrai vous voir chaque jour, si vous le permettez.

— En doutez-vous, mon ami? répliqua la jeune fille en souriant.

— Oh! non, car je sais que votre cœur m'appartient tout entier, ma belle Madeleine!

Le marquis passa près de cette

dernière les deux heures qui suivirent cet entretien, et après avoir annoncé sa visite pour le lendemain matin, il se disposait à s'éloigner, lorsque Madeleine lui demanda l'autorisation d'aller à sa rencontre dans le bois, accompagnée de Jeannette, proposition que l'amoureux jeune homme approuva avec bonheur et empressement.

Lorsque de Vardes se fut éloigné, Madeleine se sentant moins inquiète depuis qu'elle savait qu'elle allait pouvoir quitter le pays, sortit de chez elle pour se rendre au cimetière, ainsi qu'elle le faisait chaque jour, afin de prier sur la tombe de sa mère.

— Je vais m'éloigner de toi, mère chérie et regrettée, pardonne à ta fille à qui une cruelle nécessité impose ce douloureux sacrifice, mais qui, en un temps plus heureux, reviendra se prosterner de nouveau sur ta tombe sacrée. Oh! ma mère, toi dont l'âme est au ciel, prie pour moi, prie pour que j'échappe aux embûches des méchants ! pour que ta fille, seule maintenant sur la terre, conserve la force de résister au mal et reste toujours digne de l'estime des honnêtes gens.

Ainsi priait Madeleine du fond de son cœur, et agenouillée humblement sur la tombe de l'auteur de ses jours.

Le lendemain, le temps était pur, la nature parée et souriante, quand Madeleine et Jeannette se mirent en route en se dirigeant vers le bois par où devait venir le marquis, dont leurs regards épiaient au loin l'apparition. Toutes deux longeaient depuis près d'un quart d'heure une route solitaire, lorsqu'elles entendirent un coup de sifflet peu éloigné dont le bruit jeta aussitôt la crainte dans leurs âmes.

—Jeannette, fuyons! j'ai peur, disait Madeleine, lorsqu'elles se virent subitement entourées par quatre hommes masquées dont la vue leur causa une frayeur affreuse.

Ces hommes s'emparèrent d'elles, et pour étouffer les cris qu'elles poussaient, ils s'empressaient de leur placer des mouchoirs sur la bouche, tout en cherchant à les entraîner dans les taillis, lorsque le pas d'un cheval qui courait le grand galop se fit entendre, et que parut un cavalier lequel n'était autre que le marquis de Vardes, qui s'empressa de fondre l'épée à la main sur les ravisseurs, dont trois prirent aussitôt la fuite, laissant leur camarade aux prises avec le marquis, qui, après lui avoir arraché son masque, reconnut le vicomte de Bracieux.

— Encore vous, misérable? s'écria le jeune homme en lui plaçant la pointe de son épée sur la poitrine.

— Moi-même, marquis, qui venait vous enlever votre maîtresse pour en faire la mienne, répondit Gontrand avec ironie.

— Défends-toi, malheureux, car cette fois il me faut ta vie, s'écria le marquis furieux tout en sautant en bas de son cheval, mais que Gontrand envoya rouler sur la terre en lui tirant traîtreusement un coup de pistolet presqu'à bout portant, pour ensuite s'éloigner et disparaître dans les taillis.

Madeleine, aveuglée par la frayeur, n'ayant pas reconnu son amant dans le défenseur que le ciel lui envoyait si à propos en voyant s'éloigner les hommes qui la retenaient, s'était mise elle-même, à fuir de toute la vigueur de ses jambes à travers le bois, pour ne plus s'arrêter qu'après avoir senti les forces lui manquer. Ce fut alors, qu'accablée de lassitude et d'effroi, l'infortunée tomba sans connaissance au pied d'un arbre.

La nuit était fort avancée lorsque Madeleine recouvrit ses sens; une sueur froide couvrait alors son front; elle se releva : le silence de la nuit, joint à l'obscurité, la saisirent d'une secrète horreur ; le sinistre cri des chats-huants, les bruits fauves qui venaient retentir à son oreille, produisaient tout à la fois des impressions funestes dans son âme alarmée.

— Que vais-je devenir, mon Dieu ? Où suis-je ? De quel côté porter mes pas ? murmurait la pauvre fille tremblante et incertaine de la route qu'elle devait suivre.

Madeleine se mit en marche et à errer à travers les arbres, en proie à la plus vive frayeur, s'arrêtant au moindre bruit et se couvrant les yeux de la main, pensant échapper par là aux bêtes féroces dont elle se croyait entourée. Après une longue et pénible marche, notre infortunée parvint enfin à gagner la lisière du bois, où se sentant incapable d'aller plus avant, et afin d'attendre le jour, elle se traîna jusqu'à un champ de blé dans lequel elle se cacha, et où le sommeil vint, malgré elle, fermer ses paupières.

CHAPITRE DEUXIÈME.

II

La fraîcheur du matin et le chant de l'allouette arrachèrent Madeleine au sommeil, ce fut alors que voyant le jour, elle s'empressa de quitter le champ de blé pour gagner un petit sentier au bord duquel elle se plaça afin d'attendre que le hasard lui envoyât quelqu'un auquel elle pourait s'adresser pour demander son chemin.

— Quel chemin, mon Dieu ? se mit à murmurer Madeleine. Puis-je retourner dans une demeure qui n'est plus un mystère pour cet infâme Gontrand dont j'ai reconnu la voix parmi les hommes qui nous ont attaquées ? Puis-je m'exposer de nouveau à devenir la vic time de cet odieux ravisseur? Oh! plutôt la mort que le déshonneur que veut m'imposer cet homme. Oui, fuyons ce pays, courons loin d'ici me cacher à tous mes ennemis...

Ainsi pensait Madeleine lorsque ses regards aperçurent au loin dans le sentier une vieille femme qui poussait un âne devant elle et à la rencontre de qui la jeune fille courut avec agitation.

— Par pitié, madame, veuillez m'indiquer si je suis bien éloignée de Dampierre ? demanda-t-elle d'une voix émue et suppliante.

— A une bonne lieue, ma belle fille... mais qu'avez-vous donc pour être ainsi pâle et tremblante ? s'informa la paysanne à laquelle Madeleine s'empressa de raconter son attaque de la veille par quatre hommes masqués et la nuit pleine de frayeur qu'elle venait de passer dans le bois.

— Hum ! voilà des coquins bien osés et qui certes en voulions plus à votre honneur qu'à votre bourse, ma chère fille, fit la femme après avoir écouté et en branlant la tête.

— Vous avez deviné, madame, car ces misérables ne sont autres que les valets d'un seigneur déloyal qui me poursuit de sa honteuse passion à laquelle la mort me serait préférable, car je suis une fille honnête et craignant Dieu, répliqua Madeleine.

— Bien, mon enfant, j'aimons ces sentiments qui m'intéressent en vot' faveur. Or, venez jusque chez nous, pas loin d'ici, où vous pourrez vous reposer tranquillement et sans crainte de toutes les fatigues que vous avez endurées depuis hier.

Madeleine ayant accepté cette proposition avec joie, suivit la paysanne jusqu'à sa chaumière, où elle l'introduisit et la fit asseoir pour aussitôt après tirer de la huche un pain et un fromage.

— Mangez toujours une bouchée en attendant la soupe, mon enfant, car vous devez avoir besoin, dit la paysanne.

— Non, madame, je n'ai pas faim.

— Oh! j'concevons, c'est le chagrin qui vous ôte l'appétit, alors c'est une bonne tasse de lait qu'il vous faut, et j'vai vous la servir.

Cela fut fait aussitôt et tandis que Madeleine effleurait de ses lèvres la boisson nourricière :

— Çà, mon enfant, reprit la brave emme, du moment que vous ne voulez plus retourner chez vous, où comptez-vous aller ?

— Je voudrais, madame, me rendre secrètement à Versailles.

— C'est facile et je pouvons vous en procurer la facilité, car nous avons ici près un voisin qui y va deux fois par semaine avec sa charrette et comme c'étions son jour demain, il ne dépendra que de vous de profiter de l'occasion.

— Oh ! très-volontiers, madame, fit Madeleine avec empressement.

— Alors, tandis que vous allez vous reposer un brin sur mon lit, j'allons en causer un brin avec le voisin qui étant un brave homme ne demandera pas mieux que de vous rendre ce service.

Sur le midi, quand Madeleine s'éveilla d'elle-même après avoir dormi quatre heures, elle trouva la paysanne à son chevet, laquelle se mit à lui sourire et s'empressa de lui apprendre que tout étant convenu avec le voisin, elle partirait le lendemain matin en sa compagnie pour Versailles et cela douillettement étendue dans la charrette sur de la bonne paille toute fraîche.

Madeleine remercia la vieille femme, l'assura de toute sa reconnaissance, et comme elle se trouvait avoir sur elle sa bourse, qui renfermait plusieurs pièces d'or, elle en offrit une à la paysanne laquelle s'empressa de la refuser en ajoutant qu'elle ne mettait pas ses services à un si haut prix.

Le lendemain, dès la pointe du jour,

notre jeune fille montait dans la charrette du voisin, grand gaillard à l'air doucereux et madré, lequel lui donna sa propre limousine, vaste manteau de laine, pour se couvrir, car l'air du matin ce jour-là était froid et humide.

Madeleine, après avoir embrassé et remercié la vieille paysanne et promis de ne pas l'oublier de revenir la voir si le ciel lui accordait un temps plus heureux, s'éloigna les larmes aux yeux, car la charrette s'était mise en route, ce fut alors que notre jeune fille s'abandonna aux plus tristes réflexions.

— Mon Dieu ! se disait-elle, que vais-je devenir ? oh ! mon père, oh ! ma mère, du haut du ciel jetez un regard de pitié sur votre pauvre Madeleine et protégez-la !

La charrette roulait depuis près d'une demi-heure sur la route du bois dans lequel Madeleine avait passé cette nuit d'angoisse et de frayeur; assisse sur la paille, son regard errait sur la route, lorsqu'elle aperçut au loin venir un cavalier au grand galop. Las ! qu'elle ne fut pas la surprise de notre héroïne, lorsque étant à portée de distinguer les traits de cet homme, elle reconnut en lui le vicomte de Bracieux.

Madeleine alors éprouva un affreux frémissement et s'empressa de se cacher sous la limousine, où elle demeura près d'une demi-heure sans mouvement n'entendant d'autre bruit que le roulement de la charrette et les jurons du charretier, qui marchait à la tête de son cheval, car la route était devenue très rabotteuse.

L'impatience s'étant emparée de Madeleine, laquelle voulant sortir de l'affreuse incertitude qui la torturait, souleva doucement un coin de la couverture et s'empressa de s'en recouvrir après avoir aperçu le vicomte, qui causait à voix basse avec le conducteur.

— Je suis perdue! mon Dieu, pitié

pour moi ! murmura la jeune fille désolée.

Quel parti prendre dans cette extrémité ? comment échapper à la violence de l'odieux vicomte ? Par quel hasard cet homme se trouvait-il dans ce bois ? qui l'y avait conduit ? ainsi se demandait Madeleine, qui tarda peu à être instruite de ce cruel mystère ; car un second cavalier vint à toute bride rejoindre le vicomte en s'écriant :

— Ma foi, monseigneur, je n'ai pas

été plus heureux que vous ; depuis ce matin je fouille ces bois et leurs environs sans avoir ni aperçu ni recueilli aucune nouvelle de celle que nous cherchons depuis hier.

Le vicomte s'empressa d'imposer silence à ce valet, qui n'était autre que Picard, en plaçant le doigt sur ses lèvres et en lui indiquant la voiture, geste expressif que comprit aussitôt Madeleine, et qui augmenta encore plus la frayeur sous laquelle elle se sentait mourir.

— La proie est dans mes filets, elle ne peut plus m'échapper ; ce paysan consent à me la livrer moyennant salaire, dit Gontrand à son valet.

Comme la route était à cet endroit très étroite et remplie de fondrières, qu'il n'y avait place que pour le passage de la charrette, le vicomte et son valet furent forcés de passer les premiers et comme en cet endroit la route formait le coude, et que cet incident leur faisait perdre pour un instant la voiture de vue, Madeleine en profita pour sortir vivement de dessous la limousine, puis s'accrocher à une forte branche après laquelle elle se suspendit de façon à laisser la charrette glisser sous elle.

Madeleine, sans perdre de temps, monta sur l'arbre qui était très touffu et dans lequel elle se cacha bien résolue d'y rester jusqu'à ce qu'un temps considérable l'eût assurée que son ennemi, fatigué de la chercher, aurait pris le parti d'y renoncer.

La charrette, qui avait continué son chemin sur l'ordre du vicomte, quitta subitement la route qu'elle suivait pour en prendre une autre, où, après s'être enfoncé, Gontrand descendit de cheval monter sur ladite charrette et le sourire du triomphe sur les lèvres, lever brusquement la limousine sous laquelle il s'attendait à trouver Madeleine.

—Sacrebleu! corbleu! holà, manant, qu'est devenue la fille qui était là-dessous? s'écria-t-il d'une voix furieuse.

— Eh ben! est-ce qu'elle n'y étions plus? reprit le paysan.

— Non! regarde, misérable, c'est toi qui l'a laissé échapper, je ne sais, en vérité, ce qui me retient de te briser les os à coups de bâton.

— Je vous assurons, monseigneur, que j'sommes innocent de cette fuite; la jeunesse vous aura reconnu, entendu jaboter avec votre valet, elle aura eu peur et se sera ensauvée, quant à me maltraiter, ma fine ! je ne vous le conseillons pas, car voilà deux joujoux avec lesquels, en légitime défense, j'vous ferions sauter la cervelle ni pu ni moins qu'à deux voleurs qui m'attaqueraient dans ce bois, fit le paysan en montrant deux pistolets qu'il venait de sortir de ses poches.

— Elle ne peut être que cachée près d'ici, cherchons-la, il faut absolument que nous la retrouvions, disait Gontrand à son valet tout en remontant vivement à cheval.

— Cherchons, mon cher maître, quoique je désespère que nous puissions rattraper une troisième fois cette fille qui sans cesse nous glisse dans les mains, lorsque nous croyons la tenir, disait Picard en galoppant près du vicomte, lequel portait ses regards de tous les côtés.

— Que je la retrouve cette fois, et

je te réponds qu'elle ne m'échappera plus, quand je devrais lui lier les bras et les jambes, répliqua le vicomte.

— Il m'est avis, qu'en cherchant de cette façon, il vous sera impossible de retrouver votre belle fugitive, qui se sera, pour certain, réfugiée dans l'épais du bois où en ce moment elle se tient cachée, et comme nous ne pouvons y pénétrer à cheval, mettons pied à terre et enfonçons nous chacun de notre côté dans ce taillis que nous fouillerons avec soin.

— Fort bien ! mais nos chevaux ?

— Attachons-les à un arbre, répondit Picard.

La chose ainsi décidée nos deux personnages mirent pied à terre pour lier leurs chevaux non loin de l'arbre dans lequel Madeleine était cachée et s'enfoncer ensuite dans les fourrés du bois.

Aussitôt que du haut de son observatoire notre jeune fille, qui les suivait du regard, les eût vu à une longue distance, elle s'empressa de descendre de sa cachette pour courir aux chevaux afin de les détacher, et de monter sur celui du vicomte comme étant le plus vigoureux, puis, après avoir chassé celui du valet, elle partit au grand galop en suivant tout droit la route, sans s'inquiéter où elle la conduirait.

Depuis une heure, Madeleine fendait l'air, grâce à l'habitude que son père lui avait donnée de monter à cheval et déjà notre amazone avait mis la distance de deux grandes lieues entre elle et son persécuteur, lorsque son cheval, à bout de force, s'arrêta et refusa d'aller plus avant.

Madeleine, en regardant autour d'elle, aperçut au loin le clocher d'un village, alors abandonnant son coursier rétif, elle se mit en marche, en se dirigeant à ce village, lorsqu'elle entendit au loin derrière elle, le roulement d'une voiture. Madeleine se retourna et vit que c'était une chaise de poste, accompagnée de deux valets, laquelle chaise tarda peu à l'atteindre. Dans cette voiture se trouvait une jeune dame de vingt-cinq ans au plus, d'un physique très-agréable, qui, en apercevant notre héroïne et la voyant pâle, se soutenant à peine, les vêtements déchirés, souillés de poussière, donna l'ordre d'arrêter et de lui amener Madeleine.

— Vous me paraissez souffrante, mon

enfant, qu'avez-vous ? qui êtes-vous ? interrogea la dame avec bonté.

— Une pauvre orpheline qui, depuis deux jours, fuit les poursuites d'un scélérat qui en veut à son honneur. Ah ! madame, ayez pitié de moi, aidez-moi à me soustraire aux recherches du vicomte Gontrand de Bracieux, et le bon Dieu vous en saura gré, car je suis une honnête fille ! répondit Madeleine d'une voix suppliante, pleine de douceur et les larmes aux yeux.

— Oui, mon enfant, vous m'intéressez, et je veux, je dois vous protéger. Montez dans ma voiture où vous n'aurez plus rien à redouter de la part des méchants.

La jeune fille ne se fit pas répéter deux fois l'invitation, et un des valets ayant ouvert la portière elle monta et se plaça à côté de la dame qui l'engagea de s'ouvrir à elle sans crainte et avec sincérité, ce que s'empressa de faire Madeleine sans même dissimuler le tendre sentiment qui l'attachait au marquis de Vardes.

— Voilà qui est affreux et prouve combien la beauté chez une jeune fille est un funeste présent du ciel, surtout lorsqu'elle vient à plaire à des hommes sans délicatesse tel que ce vicomte de Bracieux, dit la dame après avoir écouté. — Allez, mon enfant, vous n'avez plus rien à redouter de ce méchant garnement, car je vous prends sous ma protection, et vous habiterez ma demeure autant qu'il vous plaira d'y rester. Quant au noble et bon marquis de Vardes, qui ne m'est pas tout à fait inconnu, je me charge de lui faire savoir ce que vous êtes devenue, en le priant de vous faire parvenir chez moi la pension que le roi a daigné vous accorder sur sa cassette. Patience donc, Madeleine, et le bonheur, la paix reviendront votre partage.

Oh ! que vous êtes bonne, madame, et combien je remercie le ciel de m'avoir envoyé, en vous, une sainte protectrice, reprit Madeleine en portant à ses lèvres la main de la dame.

— Madeleine, il faut que me vous connaissiez à votre tour ; sachez que je suis la baronne de Brias, épouse d'un conseiller au parlement. J'arrive en ce moment de Maintenon, où j'ai été embrasser ma mère, et je retourne à Pont-Chartrain, près de Versailles, où est situé notre château, dans lequel vous passerez auprès de nous le restant de la saison, pour nous suivre cet hiver à notre hôtel de Paris.

— Merci, et disposez de moi, madame, comme d'une esclave reconnaissante et dévouée, répondit la jeune fille qui louait Dieu de la rencontre heureuse de la baronne envers laquelle elle voulait employer tous ses efforts afin de lui plaire et de légitimer l'intérêt qu'elle daignait lui témoigner.

Ce fut à la brune que se termina heureusement le voyage, où la chaise de poste, après avoir atteint Pont-Chartrain, entra dans la vaste cour du château de Brias. superbe demeure dont le nombre des domestiques et la richesse des ameublements prouvaient l'opulence des maîtres.

A peine étaient-elles arrivées, que la baronne, qui était de la même taille que notre héroïne, donna l'ordre à une chambrière d'emmener Madeleine et de l'habiller de sa propre garde-robe. Cet ordre exécuté, notre jeune fille, coiffée avec goût, et vêtue d'une robe de soie, revint auprès de la jeune baronne, qui, en la voyant, s'écria en souriant :

— Ah ! Madeleine, que vous êtes belle ainsi ; oh ! je comprends, maintenant, en vous admirant, que vous ayez fait deux rivaux du marquis de Vardes et du vicomte de Bracieux. Venez, toute charmante, que je vous présente à mon mari dont vous allez m'enlever le cœur, mais dont l'aspect ne séduira certes pas le vôtre, disait en riant la dame tout en entraînant Madeleine à travers une foule d'appartements jusqu'au cabinet de travail où se tenait monsieur le baron de Brias, personnage d'une cinquantaine d'années, au crâne dénudé, aux yeux petits et clignotant, petit de taille et d'un embonpoint excessif, lequel s'empressa de se lever pour venir embrasser sa femme, saluer Madeleine, et de féliciter la baronne sur son heureux retour.

— Mon ami, permettez-moi de vous présenter mademoiselle Madeleine Lambert, jeune, jolie et charmante personne dont je vous défends de devenir amoureux, de qui j'ai fait la connaissance et mon amie en route, plus, comme elle est orpheline, sans famille, qu'elle veut bien nous accepter comme telle, et demeurer avec nous, je vous prie d'avoir pour elle tous les égards dûs à la vertu malheureuse.

— Bien ! très bien ! on se conformera

à ce programme, chère amie, on aura pour votre jolie protégée tout le respect et la bonté voulue... Malpeste! savez-vous que vous êtes jolie comme un ange, ravissante! adorable! ma chère demoiselle? fit le baron en regardant Madeleine tout en clignotant ses petits yeux gris.

— Votre indulgence extrême m'intimide, monsieur, au point de m'empêcher de vous exprimer tout l'excès de ma reconnaissance, répondit Madeleine devenue rouge et les yeux baissés.

— Très-bien ! voilà déjà que votre beauté fait des siennes en séduisant mon mari. Cela promet pour la suite, mademoiselle et il est vraiment heureux pour moi, que je ne sois pas jalouse et que j'aie renoncé au désir de plaire, de faire des conquêtes, sans cela j'aurais fort à faire pour l'emporter sur votre gentillesse, fit en riant la baronne. Quant à vous, mon cher mari, rappelez vous, que je vous ai toujours défendu de trouver une autre femme plus jolie femme que la vôtre.

CHAPITRE TROISIÈME.

III

Depuis plus d'un mois le jeune marquis de Vardes, blessé dangereusement et traîtreusement par Gontrand de Bracieux, gisait étendu sur un lit, en proie aux plus vives souffrances, et depuis ce temps, le comte de Charly, son oncle, chagrin et inquiet pour la vie de son cher neveu, attendait dans la plus vive impatience que le jeune homme, qui avait été ramassé sanglant et mourant dans un bois, puis rapporté au château sur une civière par des paysans, ait repris assez de force pour lui désigner son assassin, sur la tête duquel il se promettait d'appeler toute la sévérité des lois. Enfin, le jour arriva où de Vardes, en ouvrant les yeux et en reconnaissant à son chevet le comte qui, d'un regard triste, mais bienveillant, épiait sa résurrection, lui pressa la main et lui murmura ces mots :

— Merci, mon cher oncle.

— Reviens à la vie, mon cher enfant, reviens pour me nommer ton meurtrier et qu'il me soit permis de le punir et de te venger, répondit le comte. Quelques jours encore de silence et de soins, puis les médecins ayant, à l'unanimité, déclaré le malade hors de tout danger, le comte pressait son neveu de lui révéler la cause de sa blessure, de lui apprendre si c'était à un duel ou à un guet-apens qu'il fallait l'attribuer.

— A un guet-apens, mon cher oncle, à l'audace de deux misérables bandits que j'ai surpris dans le bois de Dampierre au moment où ils violentait une jeune fille, qu'ils voulaient sans doute voler, que j'accourais défendre, arracher de leurs mains coupables, lorsque l'un de ces misérables m'abattit d'un coup de pistolet.

— Les scélérats ! s'écria le comte. Et saurais-tu les reconnaître ?

— Non, mon oncle, car ces hommes étaient masqués.

— Mais cette fille qu'ils maltraitaient, tu as vu son visage ?

— Ces agresseurs ne m'en ont pas laissé le temps, répondit de Vardes, ne voulant accuser le vicomte, ni nommer Madeleine.

— Allons, je vois qu'il nous faut laisser ce crime impuni, faute d'en connaître les auteurs, et pourtant j'éprouverai un grand plaisir à les faire pendre.

Le lendemain de cet entretien le comte, tranquillisé sur l'état de son neveu et devant se rendre au château de Bracieux, afin d'y porter ses consolations à la baronne qu'on disait être fort affligée depuis que l'arrêt du parlement qui l'expulsait de son domaine lui avait été signifié, le comte donc, après avoir annoncé un prompt retour, quitta sa demeure et roula vers Bracieux, où son carrosse fut s'arrêter au pied du perron du château, où Hélène vint le recevoir pour le conduire au salon, tout en lui présentant les excuses qu'elle était chargée de lui faire au nom de sa mère qui, se sentant très-souffrante et forcée de garder le lit depuis trois jours, se voyait privée de l'avantage de lui faire les honneurs de chez elle.

— Fâcheux, fâcheux, mon enfant! car

je vois avec peine que tous les malheurs s'appesantissent en ce moment sur votre noble famille; la ruine, l'inconduite de votre frère et le mauvais état de la santé de votre respectable mère ; voilà trois choses tout à fait cruelles et bien faites pour abattre et désespérer le cœur le plus courageux.

— Hélas! oui, monsieur le comte, mais parmi les malheurs que vous venez de citer, vous en omettez un quatrième qui ne nous est pas moins sensible que les autres, dit Hélène d'un ton chagrin.

— Quel est-il, mon enfant? s'empressa de demander le vieux seigneur avec intérêt.

— La perte de la bonne et sincère amitié que nous témoignait jadis monsieur votre neveu.

— Comment, est-ce que le marquis aurait cessé ses bonnes relations avec votre maison ?

— Voilà près de trois mois, monsieur le comte, que nous n'avons reçu la visite de monsieur de Vardes, depuis enfin que la malheureuse et ingrate Madeleine Lambert, cette paysanne astucieuse que ma mère avait recueillie ici par pitié, a jeté la désunion entre votre neveu et mon frère et de deux amis intimes a fait deux ennemis irréconciliables.

— Hélène, que m'apprenez-vous? quoi le vicomte et le marquis se sont brouillés ensemble et c'est pour cette Madeleine pour laquelle ils avaient tous deux un caprice, qui en est la cause?

— Dites un amour violent qu'a su leur inspirer cette fille ambitieuse et astucieuse par ses manéges dangereux et sa coquetterie, au point, et vous ne pouvez l'ignorer, que monsieur votre neveu a juré à cette malheureuse de l'épouser aussitôt qu'il serait libre de disposer de sa main.

— Je comprends, aussitôt qu'il aura atteint sa majorité ou que j'aurai cessé de vivre. Palsambleu ! il n'en sera pas ainsi, j'en fais le serment !... Mais cette fille a quitté votre maison ? qu'est-elle devenue ?

— En sortant d'ici elle est retournée dans son village où, après la mort de son père, se voyant méprisée, repoussée de chacun à cause de son inconduite, elle a été forcée de partir pour courir se réfugier, ou plutôt se cacher dans une maison isolée, situé près de Dampierre, que lui avait fait meubler un jeune seigneur du pays.

— Ah! ah! monsieur mon neveu, sans doute? fit le comte avec colère.

— C'est ce qu'on assurait dans le pays, mais on se trompait peut-être, répliqua Hélène.

— Et l'on est pourtant parvenu à découvrir la retraite de cette Madeleine malgré le soin qu'elle mettait à se cacher?

— Grâce à mon frère le vicomte. De

quoi les amoureux ne sont-ils pas capables? répliqua Hélène en souriant.

— Alors, puisqu'il en est ainsi, puisque votre frère est le rival du marquis, je ne puis plus douter qu'ayant découvert la retraite où de Vardes cachait sa maîtresse, que Gontrand soit l'infâme qui, dans les bois de Dampierre a assassiné mon cher neveu après avoir attendu et guetté l'instant où il sortait de chez cette Madeleine.

— Qu'osez-vous dire, monsieur le comte, s'écria Hélène effrayée?

— Que votre haine pour cette paysanne vous a fait m'indiquer un coupable que je brûlais d'impatience de connaître, répliqua le vieux seigneur en se levant.

— Mais, monsieur le comte, l'accusation que vous portez sur mon frère est aussi fausse qu'elle est infâme!

— Pourquoi celui qui a tué le père de Madeleine d'un coup de fusil lâché traîtreusement en croyant adresser cette balle à mon neveu, se serait-il fait faute d'assassiner lâchement ce même rival qui se trouvait sur son chemin? En tout cas, je puis me tromper et je laisse aux juges la mission de découvrir la vérité.

— Aux juges, dites-vous, monsieur le comte? fit Hélène en pâlissant.

— Devant lesquels je me propose d'envoyer monsieur le vicomte de Bracieux, car enfin, vous ne pouvez me supposer d'être assez faible, ma belle demoiselle, pour faire grâce au misérable qui a mis mon neveu, celui que j'aime autant que s'il était mon fils, à deux doigts de la mort.

— Mon frère ne peut avoir blessé votre neveu qu'en se battant en duel avec lui et en exposant lui-même sa poitrine au feu de son adversaire. Monsieur le comte, le véritable coupable, l'unique cause de l'inimitié qui acharne ces deux amants l'un contre l'autre, est cette Madeleine maudite et c'est sur elle seule que doivent retomber tout votre courroux et votre vengeance, s'écria Hélène avec feu.

— Quant à cette malheureuse, ce brandon de discorde, je sais ce qui me reste à faire à son égard; et maintenant, recevez mes remerciments, mademoiselle, des bons renseignements que vous avez été assez serviable pour me donner. Aussi, et en revanche, vous donnerai-je l'avis de conseiller à monsieur votre frère de bien se cacher, mon intention n'était rien moins que de le faire pendre ou de l'envoyer passer le reste de ses jours à la Bastille ou autre prison royale, vue et en sa qualité de gentilhomme. Cela dit, le comte se retira, en laissant Hélène anéantie.

— Fatalité! sotte que je suis de ne point avoir deviné que l'intention de cet homme était de me faire parler et de trahir mon frère... Où est Gontrand maintenant? comment le prévenir du danger qui le menace? le soustraire à la vengeance de ce comte, si puissant et entêté? se disait Hélène, lorsque la porte s'ouvrit brusquement et que son frère parut à ses yeux.

— C'est le ciel qui t'envoie, cher frère.. N'as-tu pas rencontré le comte de Charly ?

— Oui, sœur, je viens de l'apercevoir dans son carrosse qui quittait le château comme j'y entrais.

— Gontrand, penses-tu que le comte

t'aie aperçu, reconnu? s'informa vivement Hélène.

— C'est probable, d'autant mieux que je l'ai salué très-respectueusement.

— Alors, tu n'as pas un seul moment à perdre. Hâte-toi de fuir, de quitter le pays.

— Fuir! pour quel motif?

— Le comte sait que c'est toi qui a blessé son neveu et son intention est de te faire arrêter, juger

— Diable! Mais qui donc m'a trahi? fit le vicomte effrayé.

— ...Je l'ignore, des gens qui t'auront reconnu, cette Madeleine peut-être, répliqua Hélène, voulant cacher sa maladresse en la rejetant sur un autre.

— En effet! cela ne peut venir que de cette fille, car elle seule m'a reconnu.

— Si enfin elle est en ton pouvoir, rien de plus facile que de le lui faire avouer.

— Elle n'y est pas, malheureusement, car le ciel ou le diable qui la protégent, l'a encore tirée de mes griffes au moment où je croyais la tenir pour de bon.

— Gontrand, éloigne-toi sans plus tarder, car d'un moment à l'autre le comte, qui t'aura vu entrer dans ce château, peut envoyer des gens pour t'arrêter. Va-t'en, je t'en supplie.

— C'est facile à dire, mais où aller, surtout quand on ne possède pas une seule pistole, et je suis en ce cas, chère sœur.

— N'importe, cours te cacher à Paris, où je te ferai passer de l'argent... Prends toujours ces cinq louis, c'est tout ce que je possède pour l'instant, et fuis au plus vite, fit Hélène en plaçant les pièces d'or dans la main du vicomte.

— Allons, je pars... A propos, et notre mère comment est-elle?

— Mal, très-mal, en danger de mort, à ce que m'a dit le médecin. Ah! Gontrand, orphelins, ruinés qu'allons-nous devenir? dit Hélène.

— Bah! tu es jeune et jolie, moi je suis adroit, audacieux, et le diable protége assez ordinairement les gens pourvus de pareils avantages et qui se donnent à lui. Sœur, c'est Paris que nous choisirons pour le théâtre de notre fortune àvenir.

— Espérons, Gontrand, car il est impossible que des gens de notre qualité végètent misérablement, répliqua Hélène.

— Aussi faisons en sorte qu'il n'en soit pas ainsi.

— Mais le temps passe et pour toi le danger augmente à chaque instant. Eloigne-toi, hâte-toi, réprit Hélène en poussant le vicomte hors de la chambre; le vicomte, qu'un instant après son cheval emportait sur la route qui conduisait à Paris.

— Quelle est cette lettre? demandait

le comte de Charly à l'un de ses gens qui en tenait une à la main.

— Pour monsieur le marquis de Vardes, votre neveu, monseigneur, répondit le valet.

— Donnez-la moi, je me rends auprè de lui et la lui remettrais, dit le comte en prenant la lettre des mains du valet.

— Monseigneur me permettra de lui dire, que l'ordre de monsieur le marquis est de ne remettre qu'à lui-même les lettres qui lui sont adressées, reprit le valet avec timidité.

— Point d'observation, je ne les souffre pas! dit le comte avec autorité pour s'éloigner ensuite en emportant la lettre dont il brisa le cachet après s'être retiré dans son cabinet.

— Signée Madeleine... Cette drôlesse sait écrire et même très-bien!... voyons son style et ce qu'elle écrit à mon neveu:

« Monsieur le marquis, j'ai reçu avec

« un plaisir extrême la lettre que vous
« avez daigné m'envoyer en réponse à
« celle que je vous adressais, afin de vous
« tranquilliser sur mon sort et de calmer
« la vive inquiétude à laquelle votre bon
« cœur devait être en proie en ne sachant
« ce que j'étais devenue, en ignorant
« la cause de ma disparition. Je m'em-
« presse donc de vous confirmer encore
« une fois, que je suis toujours au châ-
« teau de Brias, la plus heureuse des
« filles, traitée comme une sœur par

« madame la baronne, qui est la meil-
« leure comme la plus généreuse des
« femmes et devant laquelle j'aime à me
« prosterner comme étant l'ange tuté-
« laire que le ciel a placé sur ma route
« pour me tendre une main secourable,
« m'arracher au danger de la séduction
« ainsi qu'aux poursuites criminelles de
« cet audacieux vicomte de Bracieux. Je
« vous l'avoue, monsieur le marquis, la
« joie que j'éprouve de me sentir placée
« sous l'égide protectrice de gens hon-

« nêtes, l'estime dont ils m'honorent
« suffiraient à mon ambition, me fe-
« raient couler des jours sans nuages, si
« le souvenir que renferme mon cœur,
« celui d'un amour sans espoir ne
« venait à chaque instant troubler mon
« repos. Vous m'aimez toujours avec le
« même ardeur, m'écrivez-vous et votre
« impatience de vous réunir à moi est
« extrême. Hélas! pourquoi ne pas
« m'oublier, me contraindre de vous
« imiter en me témoignant de la froi-

« deur ? que devons-nous attendre de
« cet amour mutuel, n'étant pas fait l'un
« pour l'autre; de cet amour qui m'a
« déjà causé tant de peines et de larmes,
« rendue orpheline et qui a attiré sur
« moi la calomnie; l'injuste mépris de
« tous ceux qui me connaissaient et
« m'estimaient jadis ? Ah ! prenez garde
« que cette passion, que mes quelques
« charmes ont allumé dans votre cœur,
« ne vous soit funeste un jour en soule-
« vant contre vous la colère de votre

« vénérable oncle, de cet excellent vieil-
« lard qui vous tient lieu de père et vous
« aime comme si vous étiez son propre
« enfant, qui fier de votre personne, ja-
« loux de votre honneur, vous destine
« sans doute une illustre et noble al-
« liance.

« — Ah, croyez-moi, monsieur, effor-
« çons-nous ensemble d'éteindre dans
« nos cœurs un amour insensé, en ap-
« pelant la raison, l'honneur à notre
« secours. Oui, montrez-moi l'exemple,

« donnez-moi la force de vous oublier
« et si de ce sacrifice il en est un de
« nous qui doit souffrir, eh bien, je
« prierai Dieu pour que ce soit moi,
« moi la pauvre fille, sans naissance ni
« sans nom, que personne ne s'avisera
« de plaindre. »

—Sambleu! sont-ce là les sentiments et le style d'une fille corrompue ainsi que chacun se plaît à me dépeindre cette Madeleine? s'écria le comte. N'importe ces qualités, elle aime mon neveu, elle en est aimée, je dois les séparer, si je veux éviter à mon nom la honte d'une mésalliance... Les grilles d'un couvent me seront un plus sûr garant de la résignation de cette fille que tous ses vains efforts pour oublier celui qu'elle aime et de s'en faire oublier. Et disant ainsi le comte, mettait en morceaux la lettre de Madelaine, pour ensuite faire assembler ses gens et leur signifier d'avoir à lui remettre toutes les lettres adressées à son neveu, ainsi que celles qu'il les chargerait désormais de mettre à la poste, et cela, sous peine d'être renvoyés s'ils ne se conformaient à cet ordre.

CHAPITRE QUATRIEME.

IV

Depuis près de deux mois que Madeleine vivait auprès de la baronne de Brias, cette dame n'avait cessé de lui témoigner la plus sincère affection et s'était même chargée de perfectionner son éducation en lui donnant des maîtres de toute sorte. Notre jeune fille, malgré tout le bonheur dont l'entourait sa protectrice, ne se sentait pas heureuse ; un chagrin cruel déchirait son pauvre cœur, car depuis un mois de Vardes avait cessé de répondre aux lettres qu'elle lui avait écrites et Madeleine se croyait oubliée de son bien-aimé. Notre jeune fille, qui n'avait point de secret pour sa bienfaitrice, lui avait fait part de sa douleur et de ses inquiétudes.

— Madeleine, lui avait répondu madame de Brias, je te plains, mon enfant, et je voudrais cependant te voir oublier le marquis, renoncer à une inclination qui déjà t'a causée bien des chagrins et sans doute t'en réserve beaucoup d'autres pour l'avenir. Madeleine, qu'espères-tu? que monsieur de Vardes, fidèle aux promesses qu'il t'a faites, t'épousera un jour; hélas! si tu savais, chère enfant, combien peu une femme doit se fier aux serments, à la constance des hommes, surtout de ceux de l'âge du marquis ; âge charmant, tout rempli d'illusions, où le cœur prend au sérieux le premier tendre sentiment que lui inspire un objet charmant que le temps finit par affaiblir, puis par effacer en emportant avec lui le souvenir des serments dictés par l'amour.

— Hélas ! madame, pensez-vous donc que monsieur de Vardes ait cessé de m'aimer, et qu'il faille attribuer à son indifférence, à son oubli, le silence qu'il garde depuis un mois? dit Madeleine affligée.

— Oui, je pense ainsi, ma chère petite, je crains que monsieur le comte de Charly, instruit des tendres sentiments que tu as inspirés à son neveu et de la tendresse que te porte le marquis; je crains, te dis-je, que le comte, homme orgueilleux, absolu, redoutant pour l'avenir quelque coup de tête de la part de son neveu, une mésalliance enfin, n'ait usé de toute son influence, de ses pouvoirs sur lui pour le forcer de renoncer à toi.

— Mon Dieu ! s'il doit en être ainsi, je n'aurai plus qu'à souffrir et mourir, fit douloureusement Madeleine.

— Mourir pour une amourette contrariée, allons donc ! ce serait un véritable enfantillage. Madeleine, il faut avoir plus de raison que cela et prendre bravement ton parti ; un amoureux de perdu, dix, cent de retrouvés, surtout à ton âge et lorsqu'on possède ainsi que toi un minois à faire tourner toutes les têtes... Madeleine, au lieu de passer tes belles années à soupirer en l'attente d'un bonheur qui peut n'arriver jamais, il faut, cher ange, profiter de tout l'éclat de ta jeunesse et de ta beauté pour captiver un homme qui, en t'épousant, t'apporte richesse et considération ; je te dirais même que si tu n'es pas par trop exigeante, je crois l'avoir trouvé ce mari-là parmi les personnages qui viennent nous visiter ici.

— Que me proposez-vous, madame, d'être parjure, d'engager ma foi à un autre, lorsque l'oubli de monsieur de Vardes, son inconstance envers moi, ne sont encore que des suppositions de notre part.

— J'en conviens, mais je crains fort que ces suppositions ne soient passées à l'état de réalité, fit en souriant la baronne.

— Hélas ! vous, ma bienfaitrice, d'ordinaire toujours si bonne, si consolante envers moi, je me demande pourquoi, aujourd'hui, vous vous attachez à désoler mon cœur en détruisant toutes ses douces illusions.

— Pourquoi, mon ange ? mais en faveur de l'intérêt que je te porte, de l'avenir heureux que je désire t'assurer. Ça, dis-moi, Madeleine, comment trouves-tu le gros financier Larenaudie, notre voisin, dont les visites, qu'il nous rendait jadis, étaient fort distancées mais qui, depuis que tu demeures ici, vient chaque soir faire sa partie avec nous ?

— S'il faut parler avec franchise, madame, je trouve monsieur Larenaudie sans esprit et d'une laideur affreuse.

— C'est assez mon avis ; mais il est immensément riche, très-généreux ; combien une femme serait heureuse et brillante avec ce magot-là, reprit en souriant la baronne.

— Mais une fille honnête ne doit tromper personne et ce serait abuser de la confiance de monsieur Larenaudie, que de lui donner pour épouse une fille dont le cœur appartient à un autre, reprit Madeleine.

— Eh bien! pour que tout se passe honnêtement, nous reprendrons notre cœur au marquis, qui sans doute ne demandera pas mieux que de nous le rendre et le donnerons au mari que nous accepterons.

— Ah! madame, peut-on cesser d'aimer à volonté? observa Madeleine en soupirant.

— Écoute, Madeleine, et prends exemple sur moi : ainsi que toi, j'étais une pauvre fille sans naissance ni fortune, enfant de petits bourgeois campagnards et ayant aussi un amour au cœur et des illusions de bonheur. Mais hélas! il arriva que celui qui m'avait juré un amour éternel, de ne jamais s'unir à une autre que moi, vint à Paris, où il m'oublia bientôt et épousa une demoiselle de naissance et de fortune. En apprenant l'infidélité d'un amant, perdu pour moi à jamais, le désespoir que j'éprouvais alors faillit me faire mourir, mais rappelée à l'existence, à la saine raison par les bons soins et les conseils de mes parents, la blessure de mon cœur se cicatrisa peu à peu et, se fut sans trop de difficulté que je me décidais à écouter les propositions de mariage que m'adressa six mois après monsieur le baron de Brias, que j'épousais pour mon bonheur, en dépit de son âge et de sa laideur à laquelle je me suis accoutumée... Madeleine, je suis aujourd'hui la femme la plus heureuse du monde; veux-tu qu'il en soit de même pour toi? alors oublie le marquis de Vardes et accepte les hommages du financier Larenaudie.

— Merci de vos sages conseils, madame, mais avant de prendre le parti que vous me proposez, j'aurais besoin de réfléchir, de consulter mon cœur, de m'assurer, enfin, si véritablement monsieur de Vardes a cessé de m'aimer, de penser à moi.

— Soit! je t'accorde un mois de délai, cher ange, je t'autorise même à expédier au château de Charly un prudent et adroit messager, porteur d'une lettre pour le marquis, dans laquelle tu le presseras de s'expliquer sur l'état de son cœur à ton endroit et de ce que tu dois désormais espérer et attendre de lui.

Madeleine s'empressa d'accepter cette offre et se retira chez elle pour tracer la lettre en question.

Ce riche Larenaudie, que la baronne de Brias proposait pour mari à Madeleine, était d'une taille médiocre; sans être bossu, il en avait toute la grâce, car quelque droit qu'il se tînt, il avait toujours l'air d'un homme qui se baisse pour ramasser quelque chose. Sa physionomie était fort laide, sa tête un ovale retourné, ses yeux gros comme ceux d'un bœuf, son nez à corbin et ses lèvres grosses et pendantes; le tout surmonté d'une perruque épaisse qui semblait servir de bordure à ce masque monstrueux. La baronne avait dit vrai à Madeleine, cet amant tel que nous venons de le dépeindre aimait la jeune fille à la folie et il ne s'était guère passé de jour, depuis deux mois que Madeleine habitait le château, sans qu'il ne vînt la voir et causer librement avec elle.

Madeleine, que la figure et les discours du financier divertissaient fort, l'écoutait volontiers, étant loin de s'imaginer qu'un homme doué d'un pareil physique pût aimer comme un autre, elle ne réfléchissait pas alors, que la vertu, l'esprit et l'amour logent tous les jours dans le corps le plus mal fait, et que souvent le caractère de ces gens disgrâciés de la nature est préférable à celui d'un homme beau et bien fait.

Le soir, comme à son ordinaire, Larenaudie ne manqua pas de venir faire sa visite, de se présenter, le sourir sur les lèvres, au salon où se trouvaient à ce moment réunis le baron, sa femme et Madeleine, cette dernière occupée à broder au métier et aux yeux de laquelle le financier parut encore plus laid depuis qu'elle savait en être aimée et et qu'il la souhaitait pour femme.

Après avoir adressé le bonsoir à chacun, le visiteur, aussitôt capturé par le baron de Brias, fut contraint, bon gré mal gré, d'entamer la partie de whist quotidienne, durant laquelle il retourna vingt fois la tête pour fixer un tendre regard sur Madeleine. La partie étant achevée et en la crainte que le baron lui en proposât une seconde, Larenaudie se leva vivement et sur un signe de madame de Brias fut s'asseoir à côté d'elle sur un canapé, où ils causèrent quelques instants ensemble et à voix basse.

— Maintenant que vous voilà renseigné, allez et soyez aimable, persuasif autant qu'il vous sera possible de l'être, dit la baronne en adressant ces paroles et recommandations au financier qui, s'étant levé et après avoir fait plusieurs tours dans le salon, s'approcha de Madeleine qui, absorbée dans ses réflexions et les yeux baissés sur son ouvrage, ne s'était nullement aperçu de la causerie secrète qui venait d'avoir lieu entre la baronne et Larenaudie.

— Pour Dieu, ma belle demoiselle, lui dit-il, veuillez au moins quitter un instant votre broderie, afin de me procurer le plaisir de causer avec vous, car j'ai à vous dire des choses d'une conséquence assez grande pour qu'elles méritent une attention unique de votre part.

—Très-volontiers, monsieur, répondit Madeleine en repoussant son métier à broder.

— Savez-vous bien, mademoiselle, que je vous aime depuis deux mois... Quoi? vous souriez? traiteriez-vous ceci de bagatelle ? Certes, un Larenaudie amoureux, cela ne s'est jamais vu dans ma famille, car de mâle en mâle, mes pères ont épousé leurs femmes sans les aimer ; moi seul déroge à cette précieuse prérogative. Jusqu'alors j'ai toujours porté fort peu d'attention aux femmes, mais à vous seule était réservé le droit immense de toucher mon cœur, ce que je ne pourrais me décider à prendre au sérieux, si votre mérite et votre rare beauté ne m'avaient ôté l'appétit et le sommeil depuis le jour heureux où j'ai eu le bonheur de faire votre connaissance.

— En vérité, monsieur, vous me voyez toute confuse et interdite d'une déclaration aussi brusque et à laquelle il ne m'est pas permis de répondre avant d'avoir consulté mon cœur, fit Madeleine tremblante.

— Eh bien, consultez-le, mademoiselle, et pour mieux le disposer en ma faveur, dites lui que le mari que je vous offre en ma personne est millionnaire, très-généreux et le meilleur homme du monde, qu'il s'engage à vous rendre la femme la plus heureuse de la terre, fit vivement Larenaudie.

— Voilà de bien belles promesses qu'il faut prendre en note, mon ange, et bien peser surtout! dit la baronne.

— Si vous vous en souvenez, madame, tel fut le langage que vous tint mon cœur en vous offrant ma main, observa le baron en interrompant la lecture de sa gazette.

— Oui, et toutes ces promesses vous les avez tenues, mon ami, répondit gracieusement madame de Brias.

De grâce, mes amis, laissez vos souvenirs de jeunesse pour vous joindre à moi en ce moment, afin de m'aider à vaincre l'indécision de mademoiselle, reprit l'impatient financier.

— Monsieur Larenaudie, assez pour ce soir et confiez-moi le soin de plaider en votre faveur auprès du cœur de Madeleine dont je comprends en ce moment tout l'embarras et l'indécision, dit la baronne.

Le valet auquel avait été confié la mission de porter la lettre de Madeleine au château de Charly, avec recommandation de ne la remettre qu'au marquis de Vardes en personne, s'était mis en route, et grâce à l'excellent cheval qu'il montait, avait en l'espace d'une journée franchi la route qui conduisait de Pontchartrain au château de Charly, où il se présenta vers la brune en demandant, de la part de son maître, à parler à monsieur le marquis de Vardes.

Le concierge auquel il s'adressait sachant la consigne sévère donnée par le comte sur tout ce qui concernait son neveu, engagea le messager à s'asseoir et à se reposer pendant le temps qu'il allait mettre à prévenir le marquis et à recevoir ses ordres, puis il s'éloigna et se rendit auprès du comte afin de l'informer qu'un homme, qui venait d'arriver à cheval et paraissait venir de loin, demandait à entretenir le marquis en particulier.

— Amène-moi cet homme et fais en sorte qu'il ne se rencontre pas avec mon neveu, répondit le comte.

— Il n'y a pas de danger, monseigneur, car monsieur le marquis est déjà rentré chez lui où il s'est couché en se sentant indisposé.

— Va donc et hâte-toi.

Le concierge ayant obéi, le valet messager fut introduit dans le cabinet du comte.

— Qui t'envoie ? mon garçon, demanda le comte.

— Avant de satisfaire à la demande que daigne m'adresser monsieur, je désire savoir si c'est monsieur le marquis de Vardes qui me fait l'honneur de m'interroger, dit le valet.

— Je suis le comte de Charly, son oncle, et à ce titre je t'ordonne de me répondre. De quelle part, viens-tu ? Qu'as-tu à dire à mon neveu ? s'écria le seigneur avec vivacité et colère.

—Monseigneur, j'en suis désolé, mais il m'a été ordonné de ne m'adresser et de ne répondre qu'à M. le marquis.

— Tout ce qui me semble louche et mystérieux a le don de me déplaire et si tu ne t'empresse de satisfaire à mes demandes, je te fais bâtonner par mes gens et t'envoie ensuite en prison; si, au contraire, tu m'obéis de bonne volonté, je te récompenserai largement. Décide-toi !

— Ma foi, monseigneur, vu que contre la force il n'y a pas de résistance possible et que des maîtres comme les miens sont incapables de commettre une mauvaise action, que le message dont ils m'ont chargé ne peut rien avoir de répréhensible, je vous dirai donc que je suis au service de monsieur le baron de Brias et que j'arrive de Pont-Chartrain, où est situé leur château, pour apporter à monsieur votre neveu une letire que m'a chargé de lui remettre en main propre mademoiselle Madeleine Lambert.

— Fort bien! remets-la moi et va souper à l'office en attendant la réponse. Surtout, ajouta le comte, ne dis à qui que ce soit de mes gens d'où tu viens ni qui t'envoie.

Sur ce le valet tira la lettre de sa poche et la remit au seigneur qui, resté seul, s'empressa de l'ouvrir et de lire ce qui suit :

« Au nom du ciel, monsieur, hâtez-
» vous de calmer l'affreuse inquiétude
» qui déchire mon cœur. Où êtes-vous ?
» Que faites-vons ? Comment se fait-il
» que vous ne me donniez aucune
» nouvelle, que vous laissiez sans
» réponse les lettres que je vous adres-
» se ? Votre blessure se serait-elle
» rouverte ? Souffririez-vous de nou-
» veau au point de rester insensible

» à l'intérêt que je vous témoigne ?

» Ah ! répondez, de grâce ! Surtout,
» soyez vrai, sincère ; avez-vous cessé
» de m'aimer ? dois-je forcer mon cœur
» à en faire autant à votre égard, dût
» cette contrainte me donner la mort?
» Mon Dieu ! mais qu'ai-je donc fait
» pour mériter cette indifférence de
» votre part, pour être malheureuse
» autant que je le suis ? Est-ce donc de
» ma faute si je vous aime ? N'est-ce
» pas vous qui avez insinué dans mon

» cœur ce tendre et funeste sentiment
» qui empoisonne ma vie et me cause
» des tourments inouis? N'est-ce pas
» vous le premier qui m'avez dit : je
» t'aime! Et lorsque vous avez fait de
» moi la fille la plus à plaindre du monde,
» la plus aimante et la plus dévouée,
» c'est alors que vous vous riez de ma
» tendresse, de mes tourments, et m'ac-
» cablez de votre indifférence, de vo-
» tre oubli. Au moins, si vous ne pouvez
» me rendre le repos que vous m'avez

» ravi pour toujours, rendez-moi la li-
» berté en annulant ce serment de
» n'être jamais qu'à vous, que mes lè-
» vres, inspirées par mon cœur, vous
» firent en un moment de confiance et
» d'abandon. Le valet que je charge de
» vous porter cette lettre, s'il ne me
» rapporte pas quelques lignes de vous,
» m'apportera du moins de vos nou-
» velles. Alors, s'il me faut pleurer la
» perte de votre cœur, il me restera
» sans doute la consolation de vous

» savoir en bonne santé. Maintenant,
» consultez votre cœur, hâtez-vous, car
» j'attends et je souffre. »

Ainsi se terminait la lettre de Madeleine que le comte lut deux fois pour s'écrier ensuite après être demeuré pensif quelques instants :

—Allons, point de faiblesse, il le faut! D'ailleurs, qui m'assure que ce langage d'un cœur tendre, dévoué et honnête soit sincère, qu'il n'est pas l'œuvre de l'ambition et de l'hypocrisie. Oui, décidément, je veux, je dois éloigner cette fille, la mettre à l'abri des recherches que ne manquera pas de faire mon neveu de sa personne. Un couvent est le seul asile qui puisse me répondre d'elle, où je la retiendrai jusqu'au jour où j'aurai enchaîné de Vardes dans les liens d'un noble et riche mariage, seul moyen de garantir ce fou de la mésalliance où son amour insensé pour cette Madeleine pourrait l'entraîner.

Après en avoir ainsi décidé, le comte fit appeler le valet messager.

— Tu vas retourner d'où tu viens, lui dit-il, et tu diras à mademoiselle Madeleine, que le marquis de Vardes est en pleine santé, que tu lui as remis la lettre en main propre, qu'il l'a lu en ta présence et répondu que son oncle voulant à toute force le marier sous peine d'encourir sa disgrâce, il se trouve dans la nécessité d'obéir.

— Mais, monseigneur, je ne puis tromper ainsi...

— Tu feras ce que je te dis, à moins que tu ne préfères que je me serve en ta faveur d'une de ces lettres de cachet que j'ai toujours à ma disposition pour t'envoyer en prison, après t'avoir fait arrêter au nom du roi dans le propre château de tes maîtres. Sois-moi dévoué, jure de m'obéir, et cette bourse ainsi que les vingt-cinq louis qu'elle renferme deviennent ta récompense. Qu'en penses-tu?

— Que vous possédez, monseigneur, une foule d'arguments auxquels il est impossible de résister; mais je me permettrai de faire observer à Votre Seigneurie que n'ayant jamais eu l'avantage de voir monsieur son neveu, il me serait extrêmement difficile de le dépeindre s'il prenait à mes maîtres la fantaisie de me demander son signalement.

— Tu as raison ; mais il est un moyen facile de te le faire connaître ; rends-toi dans le parc avant de quitter ce château, et dans l'allée des tilleuls, sur un banc adossé à une statue de Diane, tu trouveras le marquis, un livre à la main et enfoncé dans ses réflexions. Examine-le attentivement, et s'il te demande qui tu es, réponds que tu es le parent de Claude le jardinier.

— Je ferai cela, monseigneur.

— Fort bien ! Mais surtout, pense à

tenir tes promesses, à moins que tu ne préfères passer quelques années en prison, où je ne répondrais pas de t'oublier.

— Vous serez content de moi, monseigneur.

— Il suffit! Maintenant cette bourse est à toi; vas voir le marquis et retourne chez ton maître.

Notre valet prit la bourse, salua respectueusement le comte et se rendit dans le parc où, grâce à une épaisse charmille derrière laquelle il s'était glissé, il fut à même d'examiner le jeune marquis tout à son aise sans en être aperçu.

Le lendemain, cet homme était de retour au château de son maître, où la baronne et Madeleine le faisaient appeler.

— Eh bien! Georges, la réponse à la lettre que vous venez de porter... demanda la baronne.

— La réponse, madame, est que monsieur le marquis de Vardes est des mieux portant, fort gai et fort avenant. Je lui ai remis la lettre que mademoiselle m'avait confiée et qu'il s'est empressé de lire, pour me charger ensuite de vous faire mille compliments et part du prochain mariage qu'on lui impose et auquel il ne peut se soustraire, sous peine de déplaire au roi et d'encourir la colère de son oncle, qui ne le menace rien moins que de le déshériter s'il n'obéit à ses volontés.

A ces mots, Madeleine poussa un cri de désespoir et perdit connaissance.

CHAPITRE CINQUIÈME.

V.

— Comme tu es pâle et parais souffrante, chère petite ; en vérité, en te voyant ainsi triste, abattue, on serait loin de se douter que dans deux jours tu vas devenir la femme bien-aimée et brillante du plus riche financier de France et de Navarre, disait la baronne de Brias à Madeleine, qu'elle pressait dans ses bras.

— Ah! madame, que je suis malheureuse! s'écria la jeune fille en sanglottant et en cachant son visage dans le sein de son amie.

— Madeleine, sois donc raisonnable, mon cher ange, crois-moi; chasse de ton cœur le souvenir d'un ingrat, d'un nomme indigne de ta tendresse qui, s'il t'avait aimée sincèrement, aurait certes eu la force de résister aux volontés tyranniques de son oncle. Oui, oublie-le, et sans regret contracte la riche union qui assure ton avenir, accepte pour époux l'homme bon et généreux qui, n'estimant en toi que tes excellentes qualités, consent à te donner aujourd'hui son nom, et par contrat, te reconnaît la moitié de son immense fortune.

— J'ai donné ma parole à monsieur Larenaudie, madame, et je ne la trahirai pas. Oui, je serai sa femme, mais de survivre à ma douleur, je ne puis vous le promettre, car les souffrances qu'endure mon cœur sont intolérables ; elles brisent ma vie ; je me sens mourir chaque jour.

— Hélas ! que me dis-tu là, mon enfant ? Mais alors, si cette union t'inspire un tel effroi, une telle répugnance, il faut y renoncer, s'écria la baronne effrayée.

— Ah ! comprenez-moi, madame ; ce n'est point la pensée de devenir l'épouse d'un honnête homme, de l'homme dont la générosité daigne aujourd'hui accepter pour compagne une paysanne obscure et indigente qui cause ma douleur, mais bien la trahison de celui auquel j'avais voué mon âme et ma vie ! De cet homme dont le souvenir m'est toujours présent en dépit des prières ferventes que j'adresse à Dieu pour qu'il m'aide à l'arracher de mon cœur et de ma pensée.

— Patience et courage, mon enfant, le temps est un grand médecin qui saura te guérir, te rendre le repos et le bonheur.

Comme la baronne disait ainsi, un valet de Larenaudie se présenta devant les deux amies ; cet homme apportait à Madeleine, de la part de son maître, un écrin de diamants du prix de vingt mille écus.

Le soleil du lendemain devait éclairer l'union de Madeleine ; aussi, tout était-il en l'air dans le château, où se faisaient de brillants préparatifs ; les salons, ce soir-là, veille du mariage, étaient encombrés de visiteurs, tous notables du pays, accourus pour féliciter les futurs. Madeleine qui se sentait souffrante, profitant d'un instant où tout le monde était groupé autour de sa corbeille de mariage afin d'admirer les riches parures qui la composaient, s'échappa du salon pour descendre respirer un instant dans le parc, afin de pouvoir y pleurer à son aise et sans témoin. Notre jeune fille, absorbée par ses réflexions et sa vive douleur, quoiqu'il fît presque nuit, s'était éloignée du château, tout en suivant une avenue obscure, lorsque plusieurs hommes, sortis des taillis, l'entourent et s'emparent d'elle. Madeleine, horriblement effrayée, s'empressa de jeter des cris, tout en luttant de toutes ses forces contre la violence que lui imposaient ces hommes qui, l'ayant enlevée de terre, l'emportaient avec rapidité vers une petite porte du parc, par où ils sortirent pour courir déposer la jeune fille évanouie dans une chaise de poste, qui partit aussitôt.

Les cris qu'avait poussés Madeleine ayant été entendus du château, la baronne, qui avait reconnu la voix de sa protégée, s'empressa de s'élancer hors du salon, et, suivie de toute la société, de se précipiter dans le parc, en appelant Madeleine. Ne recevant pas de réponse, ne voyant pas reparaître la jeune fille, tout le monde se dispersa dans le parc, accompagné de valets armés de flambeaux. Les pieds de la baronne s'embarrassent dans quelque chose; elle se baisse et ramasse le voile qui couvrait les épaules de Madeleine; ce voile est en lambeaux. Quelques pas plus loin on trouve le peigne qui soutenait la riche chevelure de la jeune fille, puis une des manchettes qui, dans la lutte, s'est détachée de son bras.

— Messieurs, les cris que nous avons entendus, ces objets déchirés, épars, ne nous prouvent que trop que Madeleine vient d'être la victime d'une horrible violence, d'un rapt audacieux ! de s'écrier la baronne avec désespoir.

— Sambleu ! corbleu ! quel est le misérable assez osé pour enlever ma future la veille de mon mariage ? Cent

mille livres à celui qui, après avoir re-
joint le ravisseur, me ramènera Madeleine, fit Larenaudie furieux et presque
fou.

Les valets, sur cette brillante promesse, s'empressent tous de courir aux
écuries, de seller des chevaux et de se
répandre sur toutes les routes en courant ventre à terre.

— Au moins, madame, soupçonnez-
vous qui peut-être l'auteur de ce rapt ?
s'informa le baron de Brias à sa

femme qui, de retour au château, s'était laissée tomber sur un siége, où elle se livrait en larmes à tout l'excès d'un violent désespoir.

— Oui, je le soupçonne ; l'audacieux ravisseur ne peut être que l'infâme vicomte de Bracieux, qui, épris d'une coupable passion pour Madeleine dont il convoite le déshonneur, aura découvert qu'elle était ici et sera venu nous l'enlever.

— Le vicomte de Bracieux ! Mais je

connais ce drôle pour m'être laissé attraper par lui une somme de dix mille écus dont il m'est redevable depuis trois ans. Malheur à ce misérable! car je vais m'empresser de lâcher les recors à ses trousses, afin de le faire jeter et pourir en prison, s'écria Larenaudie.

Une partie de la nuit fut passée dans la plus vive angoisse, l'inquiétude; puis les valets revinrent les uns après les autres, fatigués, découragés, et ayant tous échoué dans leurs recherches.

Trois jours s'étaient écoulés depuis l'enlèvement de Madeleine, depuis que la baronne inconsolable n'avait cessé de faire faire les recherches les plus actives comme les plus infructueuses, lorsque le quatrième, madame de Brias s'entendit annoncer monsieur le marquis de Vardes, lequel pâle et agité, vint tomber à ses pieds, en lui disant d'un ton suppliant et les larmes aux yeux :

— Madeleine, madame ! au nom du ciel, rendez-la moi, permettez-moi de la voir, de tomber à ses genoux, afin de m'excuser auprès d'elle et de pouvoir lui dire que je n'ai jamais cessé de l'adorer !

— Calmez-vous, monsieur ; veuillez vous asseoir et me permettre de vous faire part de la surprise où me plongent votre démarche et l'état désespéré dans lequel je vous vois à l'égard d'une pauvre fille dont vous avez brisé le cœur, que vous avez abandonnée pour contracter un riche mariage.

— Que me dites-vous là, madame? Moi renoncer à Madeleine, ne plus l'adorer ! Hélas! qui a pu vous donner de ma personne, de ma fidélité, de mon honneur enfin une aussi fâcheuse idée? demanda de Vardes avec surprise.

— Mais, monsieur, vous-même dans la réponse que vous avez faite de vive voix au valet que Madeleine et moi avons délégué vers vous, avec une lettre de ma pauvre amie, dans laquelle elle vous demandait l'explication de votre silence à toutes les lettres qu'elle vous avait écrites depuis deux mois.

— Madame, je n'en ai reçu aucune, et je soupçonne même que toutes celles que je n'ai cessé d'adresser à Madeleine ont été arrêtées par la même main, celle de mon oncle. Surpris du silence de ma bien-aimée, inquiet sur les dispo-

sitions de son cœur à mon égard, je brûlais du désir d'accourir ici pour la voir
et l'entendre; mais retenu forcément au
château par la volonté inflexible de mon
oncle, sans cesse surveillé par ses gens,
il m'a été de toute impossibilité de
m'échapper. Ce n'est que d'hier que
le comte de Charly, mon oncle, est venu
lui-même chez moi m'apprendre que le
médecin, me trouvant entièrement hors
de danger, il m'était permis de monter
à cheval et de courir la campagne, si

tel était mon bon plaisir. Heureux de cette liberté à laquelle j'aspirais, dont vingt fois, mais inutilement, j'avais essayé de jouir, le premier usage que j'en ai fait, madame, a été d'accourir ici, dans l'espoir que vous ne me refuserez pas le bonheur de voir celle que j'aime.

— Monsieur de Vardes, répondez d'abord à mes demandes : Avez-vous vu le valet que nous vous avons envoyé? Avez-vous reçu la lettre qu'il vous portait? Lui avez-vous répondu vous-même que, forcé de vous marier par ordre de votre oncle, vous engagiez Madeleine à vous oublier ?

— Jamais, madame ! Je n'ai ni vu ce valet, ni reçu cette lettre, répliqua vivement le marquis.

La baronne sonna pour donner l'ordre de faire venir George, le valet qu'on avait chargé de porter la lettre.

— Madame, George, après avoir vu monsieur le marquis entrer au château, l'a quitté aussitôt, en annonçant qu'il n'y rentrerait plus, répondit le valet auquel la baronne donnait cet ordre.

— Le misérable, gagné sans nul doute par votre oncle, nous a tous trahis, fit la baronne.

— Et mon oncle m'a cruellement trompé! s'écria de Vardes, pour ensuite supplier de nouveau la baronne de le conduire auprès de Madeleine, afin qu'il pût s'excuser et l'assurer que son cœur n'avait pas changé.

— Monsieur, préparez votre âme

contre la douleur que va lui occasionner la funeste nouvelle qu'il me reste à vous apprendre, dit tristement la baronne en pleurant.

— Vous me faites frémir, madame ! Au nom du ciel, parlez !

— Madeleine a été enlevée hier soir par des misérables qui ont osé pénétrer nuitamment dans mon parc pour commettre ce rapt.

A cette nouvelle, le marquis poussa

un cri douloureux et perdit connaissance.

La baronne effrayée s'empressa d'appeler, et ce ne fut qu'après une grande demi-heure et à force de soins qu'on parvint à rappeler de Vardes à la vie, de Vardes, dont les premières paroles furent pour maudir et menacer le vicomte de Bracieux, qu'il accusa d'être l'auteur de l'enlèvement de Madeleine, accusation qu'appuya la baronne, convaincue elle-même que le vicomte était le véritable coupable, et qui, afin de ne point augmenter le désespoir du jeune homme, pensa qu'il était prudent de ne point l'instruire du mariage que Madeleine avait été sur le point de conclure.

— Ah! cet odieux vicomte ne périra que de mes mains! Mais où est-elle? où le misérable l'a-t-il cachée?... Il me le dira, le traître, car c'est le poignard sur la gorge que je le forcerai de parler.

— Alors hâtez-vous, monsieur, hâtez-vous, s'il en est encore temps, de sauver l'infortunée Madeleine de la honte et du déshonneur que lui réserve ce misérable! répliqua la baronne.

Peu d'instants après cet entretien, de Vardes prenait congé de madame de Brias, après avoir promis de lui faire savoir le résultat des démarches actives qu'il allait entreprendre aussitôt.

Le jeune homme, monté sur un cheval frais que lui avait fait donner la baronne, s'élança sur la route au grand galop, et le même jour, à la tombée de la nuit, abîmé par la fatigue, couvert de poussière, il fit son entrée dans le château de Bracieux, où il allait chercher le vicomte.

— Monsieur le marquis, mes maîtres ne sont plus ici ; voilà huit jours que le château a été saisi et vendu et que madame la baronne, ainsi que son fils et sa fille, ont quitté le pays pour se rendre, dit-on, à Paris, répondit le jardinier-concierge, auquel s'était adressé le marquis en trouvant le château désert.

— Alors c'est à Paris que je tuerai le misérable ! s'était écrié de Vardes en tournant bride pour retourner chez son oncle.

Le comte étant au lit lors du retour de son neveu, ce ne fut que le lendemain que ce dernier put le voir et lui parler, afin de lui reprocher la trahison dont il avait usé à son égard en lui ravissant la lettre de Madeleine et en interceptant celles qu'il lui avait écrite.

— Je vous trouve bien hardi, mon drôle, d'oser venir vous plaindre et de m'adresser vos reproches, répliqua le comte avec colère, après avoir écouté le marquis sans l'interrompre; oui, j'ai fait ce dont vous vous plaignez, et je suis même décidé à faire plus encore si vous m'y contraignez, si, malgré ma défense, mes sages conseils, vous persévérez à entretenir des rapports amoureux avec cette Madeleine, à laquelle je vous ordonne de renoncer.

— Ce que vous exigez là, mon oncle, est impossible, car j'aime Madeleine, et il n'y a que la mort qui soit capable de l'effacer de mon cœur.

— Fort bien ! Ainsi, si vous étiez libre aujourd'hui de vos actions, vous feriez la folie d'épouser cette paysanne, cette aventurière dont la ridicule passion qu'elle vous a inspirée ne vous a jusqu'alors occasionné que des tourments et mis à deux doigts de la mort?

— Si j'étais libre, mon oncle, désireux de m'unir à une fille vertueuse, noble par les sentiments et belle comme doit l'être la mère du Christ, j'épouserais Madeleine.

— Pauvre fou ! fit le comte d'un air de dédain, en levant les épaules.

— Hélas ! ne m'accablez pas, mon oncle, je suis assez à plaindre, croyez-moi, puisque cet objet si cher à mon cœur vient de m'être lâchement ravi par ce misérable vicomte de Bracieux, reprit de Vardes en soupirant et les larmes aux yeux.

— Eh bien! qu'il l'emporte si loin, que ni vous ni moi n'en entendions jamais parler, dit le comte d'un ton joyeux.

— Vous êtes impitoyable ! monsieur, s'écria de Vardes avec colère.

— Vous vous oubliez au point de me manquer de respect, monsieur; prenez garde, en mettant le comble à vos extravagances, de m'indisposer sérieusement contre vous... De Vardes, je vous défends de chercher le vicomte de Bracieux et vous interdis le droit de vous battre avec lui ; je vous ordonne de rester dans ce château, où je vous consigne tout le temps que je vais passer à Versailles, où mon service de gentilhomme de la chambre exige ma présence auprès du roi. Souvenez-vous surtout que la moindre désobéissance aux ordres que je viens de vous signifier serait la privation de votre liberté et que les portes de la Bastille se fermeraient sur vous.

Le marquis ne répondit pas à ces menaces ; il salua froidement le comte et se retira.

— Je suis certain que ce gaillard-là, aussitôt que j'aurai le dos tourné, n'aura rien de plus pressé que de me désobéir pour se mettre à la recherche de sa belle ; mais ce qui me tranquillise est qu'il n'ira certes pas la chercher où je l'ai mise. Quant à éviter une rencontre avec le vicomte, un duel à mort sans doute entre ces deux rivaux, ce soin me regarde encore… Décidément je pourrai m'éloigner sans avoir rien à redouter des folles entreprises de mon cher neveu, ni à trembler pour ses jours, murmura le comte, après que le marquis se fut éloigné.

CHAPITRE SIXIÈME.

VI

Il est temps de retourner à la pauvre Madeleine, qu'une chaise de poste emportait avec rapidité et qui, lorsqu'elle reprit ses sens, lorsqu'elle eut rappelé ses souvenirs, poussa un cri de désespoir et de frayeur en se sentant assise à côté d'un homme dont l'obscurité de la nuit lui dérobait les traits et qu'elle pensait être le vicomte de Bracieux.

— N'ayez nulle frayeur, mademoiselle, vous n'êtes pas entre les mains de malfaiteurs et vous ne courez aucun danger, dit à Madeleine son invisible compagnon d'une voix douce.

— Mais qui êtes-vous donc, vous qui me dites de ne rien craindre et venez de m'arracher par la surprise et la violence de la demeure de mes amis? Que voulez-vous de moi? Où me conduisez-vous? reprit Madeleine d'une voix ferme.

— Nous exécutons les ordres qui nous ont été donnés, mademoiselle.

— Par qui? Sans doute par votre misérable maître le vicomte de Bracieux?

— Nous n'appartenons pas au vicomte de Bracieux, mademoiselle.

— Mais alors qui donc vous fait agir?

Qui donc s'arroge le droit de m'imposer la violence, de me ravir à mes amis?

— Je ne puis vous répondre, mademoiselle ; mais ayez un peu de patience, car dans une heure au plus nous serons arrivés au lieu où nous avons ordre de vous conduire.

— Monsieur, à votre langage respectueux, je devine que vous êtes un honnête homme ; dites-moi alors comment il soit possible que vous vous soyez fait le complice d'un rapt odieux, que, froidement, vous consentiez à torturer une pauvre fille qui ne vous a jamais fait de mal ?

— Mon Dieu, mademoiselle, j'obéis à des ordres suprêmes, devant lesquels il ne m'est pas permis de reculer.

— Je comprends, mais enfin vous eussiez pu ne pas réussir dans cet enlèvement et peut-être y trouver la mort, si les cris que la frayeur m'a fait pousser avaient été entendus de mes amis.

— J'en conviens, mademoiselle.

— Eh bien ! laissez-moi fuir, et vous direz à ceux qui vous font agir que vous n'avez pu vous emparer de moi, et, en récompense de cette bonne action, je vous donnerai tout l'or que vous me demanderez, des diamants même, car j'en ai beaucoup.

— Je suis désolé de vous refuser, mademoiselle ; mais ayant prêté serment de fidélité le jour où j'acceptais de monsieur le lieutenant de police la place que j'occupe aujourd'hui, je dois remplir mon devoir et demeurer incorruptible.

— Vous êtes donc un exempt de police, et c'est en prison, sans doute, que vous me menez? fit Madeleine effrayée.

— Non, je ne vous conduis pas en prison.

— Mais où donc, alors? fit vivement la jeune fille.

—Vous allez le savoir, car nous voilà arrivés à notre destination! répondit l'exempt, dont le jour naissant était venu enfin éclairer le visage sérieux et le noir uniforme.

La quatrième heure du matin sonnait lorsque la chaise de poste dans laquelle était notre héroïne entra dans Chaillot, village situé aux portes de Paris, où elle fut s'arrêter à la grille d'un couvent dans lequel Madeleine fut introduite et aussitôt remise entre les mains de deux vieilles religieuses à l'air rébarbatif, qui, l'ayant prise chacune sous un bras, l'entraînèrent dans l'intérieur du couvent jusqu'au parloir, où elles lui dirent que madame la supérieure n'étant pas encore levée, elle eût à attendre en priant.

—Mais, où suis-je donc ici, mesdames? s'informa Madeleine, effrayée et surprise, tout en contemplant les murailles nues et froides, les grilles épaisses et lugubres de ce nouveau séjour.

— Au couvent des Sœurs de la Miséricorde, mon enfant! répondit une des religieuses.

—Pourquoi m'y a-t-on amenée, et de quel droit?

—Vous êtes envoyée ici de par un ordre suprême, afin de pouvoir y travailler en paix à votre salut et votre conversion, ma chère fille, car vous êtes une grande pécheresse, nous a-t-on dit.

— Moi une pécheresse, mon Dieu!.. Mesdames, je commence à croire qu'en s'emparant de moi pour m'amener ici, on s'est trompé de personnage, et que je suis la victime d'une erreur ; mais si c'est véritablement moi qu'on vous a dépeinte comme une fille pervertie, une pécheresse, enfin, on vous a trompée indignement sur mon compte, car je suis une fille honnête, et je prends Dieu, que j'aime et respecte, à témoin comme quoi je n'ai jamais failli à l'honneur ni commis la moindre action qui puisse porter préjudice à qui que ce soit.

— S'il en est ainsi, justice vous sera rendue, mon enfant, et vous n'en serez que mieux aimée et considérée dans notre sainte maison, où, après vous avoir reconnu toutes les qualités qui plaisent à Dieu, on consentira sûrement, pour vous en récompenser, à abréger le temps de votre noviciat afin de vous admettre le plus tôt possible dans la sainte corporation des épouses de notre divin Sauveur.

— Prétendrait-on m'imposer la violence au point de me forcer à contracter des vœux que je respecte, mais pour lesquels je n'ai nulle vocation? demanda vivement Madeleine.

— Mon enfant, il n'en est nullement question, et, loin de vous en alarmer, remerciez au contraire les personnes qui, assez pieuses pour s'intéresser à votre salut, à la purification de votre âme, exigent que vous renonciez au monde pour vous consacrer, votre vie durant, au service du Seigneur.. Maintenant, priez Dieu afin qu'il vous envoie la vocation, tandis que nous allons vaquer aux affaires de la maison.

Cela dit, les deux religieuses se retirèrent.

Madeleine, restée seule, se laissa tomber en larmes sur un banc, où elle se livra à toute l'amertume de son désespoir en se demandant quel pouvait être l'ennemi secret et puissant auquel elle pouvait être redevable du nouveau malheur qui la frappait en ce moment.

La pauvre fille, que la fatigue accablait, fut prise en pitié par le ciel, qui, pour donner un instant de trêve à ses peines, lui envoya un sommeil bienfaisant sous lequel elle succomba, et durant lequel un songe consolateur vint la bercer de ses doux mensonges.

Madeleine rêvait qu'elle était assise dans une prairie toute émaillée de fleurs, et qu'un ange aux ailes d'azur lui posait en souriant une couronne virginale sur le front, pour ensuite l'enlever et la transporter, à travers les airs, dans un palais étincelant d'or et de lumière, où

Madeleine voyait le marquis son amant dans un jeune homme agenouillé et en prière, lequel se leva pour venir la prendre par la main et la conduire au pied d'un autel où un saint ministre se disposait à les unir, lorsque la supérieure de la communauté, en entrant bruyamment dans le parloir, et la réveillant en sursaut, dissipa brusquement la douce illusion qui berçait la pauvre fille.

— Vous dormez au lieu de faire vos

prières, ma chère enfant! dit l'abbesse.

— Excusez-moi, madame, mais la fatigue du voyage, une nuit passée sans sommeil, et, plus encore, le chagrin et l'inquiétude, ont un instant engourdi mes sens.

— Suivez-moi! reprit la religieuse d'un ton sec.

— Je désire, madame, avant tout, d'être instruite en vertu de quel pouvoir on m'a imposé la violence et amenée en ce lieu, et ce qu'on prétend faire de moi! demanda Madeleine.

—Vous avez été amenée ici sur un ordre suprême, et, loin de vous plaindre de ce fait, remerciez au contraire ceux qui, prenant votre inconduite en pitié, vous procurent l'occasion de sanctifier votre âme et votre corps en vous vouant au Seigneur, en vous mettant à même d'effacer par la prière, le repentir, le scandale que vous avez donné au monde par votre inconduite!

— Plus je vous écoute, madame, plus ma surprise augmente, plus je me persuade que les gens qui m'ont fait amener ici ont fait erreur en attribuant à ma personne les fautes énormes, les ignobles qualités qu'il vous plaît de m'attribuer. Enfin, madame, qui donc croyez-vous avoir devant vous? dit Madeleine avec force et dignité.

— Madeleine Lambert, la fille dont l'inconduite, les intrigues scandaleuses ont détourné plusieurs jeunes seigneurs de leurs devoirs, les ont armé les uns contre les autres et fait couler leur sang à plusieurs reprises! répondit l'abbesse.

— En effet, madame, je suis Madeleine Lambert de naissance et de nom, mais Madeleine la fille honnête et persécutée, qui n'a jamais failli à l'honneur parce qu'elle aime Dieu et a toujours craint de l'offenser si elle se conduisait mal. Madame, les gens qui m'ont dépeinte à vos yeux sous une autre couleur ont abusé de votre confiance et trompé votre religion ; ces gens, enfin, sont des infâmes !

— Ces gens, ma chère fille, sont de trop hauts et puissants personnages pour s'être abaissés jusqu'au mensonge ; et comme leur volonté est que vous entriez en religion, résignez-vous et préparez-vous à prendre le voile dans un an, après que vous vous serez rendue digne de cette sainte faveur par le repentir, la pénitence et la prière.

— Je vous ai dit, madame, que j'aime Dieu et le crains; mais comme il n'a point placé dans mon cœur l'amour du cloître, je craindrais d'agir contre sa volonté en prononçant des vœux pour lesquels je ne me sens pas de vocation.

— Allons, vos paroles, cette résistance, me confirment dans l'idée qu'on ne m'a pas trompée sur votre compte, que vous êtes bien la fille athée et corrompue qu'on m'a annoncée. Sachez donc, mon enfant, qu'ici, il n'y a pas de résistance possible, sous peine des plus dures punitions. On exige que vous preniez le voile, il vous faudra obéir. Sachez vous y résigner, croyez-moi, et ne nous contraignez pas, par une coupable et vaine résistance, à vous appliquer les terribles punitions réservées aux récalcitrantes et aux cœurs impies.

— Quoi, vous imposeriez la rigueur, la souffrance à mon refus ! mais cela serait infâme ! indigne de la part de femmes qui se disent aimer Dieu et le servir saintement! Quoi, n'est-il aucun pouvoir humain, aucune justice qui puissent protéger les malheureuses auxquelles il vous plaît, madame, d'imposer votre tyrannique volonté? s'écria Madeleine exaspérée.

— Aucune, misérable fille! Apprenez qu'au seuil de cette sainte maison, la justice des hommes perd ses droits, et qu'elle s'incline devant la volonté du ciel, dont je suis la mandataire. Obéissez, vous dis-je, obéissez! répliqua l'abbesse d'un ton dur et courroucé, tout en agitant une sonnette, au tintement de laquelle accoururent deux vieilles religieuses à la figure rébarbative.

— Emmenez cette fille, et qu'elle soit enfermée, jusqu'à nouvel ordre, dans la cellule des pénitentes, dit la supérieure; ordre auquel les deux vieilles s'empressèrent d'obéir en saisissant Madeleine chacune par un bras pour l'entraîner hors du parloir, à travers une foule de couloirs et d'escaliers, jusqu'au faîte d'une espèce de tourelle, où elles la poussèrent brutalement dans une sombre cellule dont elles fermèrent la porte derrière elles à double tour.

Rien ne pourrait dépeindre le désespoir auquel s'abandonna la pauvre Madeleine en se voyant captive dans cet étroit et lugubre réduit, faiblement éclairé par une espèce de lucarne grillée, située à sept pieds du sol, dont l'ameublement se composait d'un lit de planche, d'un escabeau et d'un christ en bois appendu à la muraille.

— Mon Dieu ! qu'ai-je donc fait pour mériter votre colère, et que vous m'abandonniez ainsi aux caprices des méchants? Mon Dieu ! prenez-moi en pitié, vous que j'aime, vous dont je respecte les saintes lois ! Ah ! ne permettez pas que je sois ainsi la victime de la calomnie, de l'injustice et du fanatisme barbare de ces femmes qui prétendent vous servir en torturant leurs semblables.

Mon Dieu! délivrez-moi du mal et rendez-moi à mes amies! Ainsi disait la jeune fille, saintement agenouillée et les mains jointes, en levant vers le ciel ses beaux yeux noyés de larmes.

La nuit vint surprendre l'infortunée Madeleine en prière, Madeleine que personne n'était venu visiter, laissée sans nourriture, et pour laquelle la nuit s'écoula triste et sans sommeil. L'horloge du couvent venait de sonner la huitième heure du matin lorsque Madeleine entendit ouvrir la porte de sa cellule et qu'une des deux vieilles religieuses, qui la veille l'avaient emprisonnée, entra pour la prévenir que madame la supérieure voulant lui parler, elle ait à la suivre jusqu'à son appartement.

Madeleine ne répondit pas et suivit la conductrice qui, après lui avoir fait faire cent détours et traverser une vaste cour, l'introduisit dans un oratoire où se trouvait l'abbesse assise dans un vaste et moelleux fauteuil.

— Agenouillez-vous, puis écoutez-moi, dit l'abbesse d'un ton impérieux.

Madeleine obéit.

— Daignant oublier l'arrogance dont vous avez fait preuve hier à mon égard, et voulant faire preuve envers vous d'indulgence autant que de patience, afin que vous n'ayez qu'à vous en prendre à vous des rigueurs que vous attirerait une insubordination aussi coupable qu'inutile, je consens à employer la douceur en l'espoir de vous convaincre. Vous allez donc prendre rang parmi les novices de cette sainte communauté, et, à leur exemple, vous conformer aux règles et usages de la maison. Dieu veuille qu'à l'exemple que vont vous donner vos compagnes, par leur sage conduite et leurs ferventes prières, la foi et le repentir rentrent dans votre cœur...

— Je prendrai de nouveau la liberté de vous répéter ce que je vous ai dit hier, madame, qu'on vous a induite en erreur, et qu'on m'a calomniée injustement à vos yeux, car je prends le ciel à témoin que la foi a toujours habitéé mon cœur, et que ma conscience ne s'est jamais souillée d'une seule faute dont j'aie à rougir devant Dieu qui me voit et m'entend, interrompit Madeleine avec l'accent d'une noble fermeté.

— Je désire qu'il en soit ainsi, mon

enfant, car votre sacrifice n'en sera que plus agréable à Dieu. Allez donc en paix, et faites en sorte, par votre conduite, de justifier la sincérité de votre langage.

Madeleine ne répondit plus ; elle se releva, et, sur un signe de l'abbesse, suivit de nouveau la vieille religieuse, qui s'arrêta au milieu d'un long corridor pour ouvrir la porte d'une cellule dans laquelle elle fit entrer la jeune fille, où, déridant son visage et le sourire sur les lèvres, elle engagea Madeleine à s'asseoir et à l'entendre.

— Mon enfant, reprit-elle, avant de vous conduire plus loin, j'ai désiré vous entretenir sans témoin et dans vos intérêts. Oh! ne vous étonnez pas de mon langage, et remerciez le ciel qui vous envoie en moi une amie compatissante.

— Merci, madame, si vous daignez

m'être secourable, car je suis bien malheureuse !

— Hélas ! oui, pauvre enfant, aussi, vous prenant en pitié, ferai-je tout pour adoucir votre sort. Surtout ne vous effrayée jamais si, devant les autres, vous me voyez dure et sévère avec vous, cela, afin de mieux dissimuler l'intérêt que je vous porte et que vous m'inspirez... Ecoutez-moi donc, Madeleine, et apprenez d'abord que celui qui vous a fait enfermer ici, avec ordre de vous forcer à prendre le voile, est le comte de Charly, dont vos charmes ont séduit le neveu, et qui a voulu vous arracher à sa tendresse en plaçant entre vous et lui la barrière d'un cloître.

— Hélas ! mais cette rigueur était inutile, puisque le marquis de Vardes, parjure aux serments qu'il m'a faits, a cessé de m'aimer, et qu'il se marie à une autre que moi, interrompit Madeleine.

— On vous a trompé, ma chère enfant, car lors de l'entretien que le comte de Charly eut dernièrement avec notre supérieure, entretien auquel j'assistais, ce seigneur s'est plaint de la constance obstinée de son neveu qui, disait-il, lui a juré de n'accepter jamais une autre que vous pour sa femme.

— Ah! que vous me faites du bien en soulageant ainsi mon cœur de l'horrible pensée qui l'oppressait! s'écria Madeleine.

— Madeleine, prenez courage et espérez ; ainsi que vous, je fus jadis victime de la tyrannie des puissants de la terre, arrachée par des parents orgueilleux des bras de l'homme dont j'étais aimée et que j'aimais, pour être enfermée dans ce cloître où, privée d'amis qui s'intéressaient à moi, j'ai vécu, vieilli, où je mourrai un jour ; aussi ai-je juré de protéger, si elle se présentait ici, celle dont les malheurs seraient semblables aux miens, et Dieu vous a envoyée, Madeleine, pour que je tinsse mon serment. Oui, espérez, car un jour vous serez libre, vous reverrez votre amant, vous serez heureuse enfin !

Madeleine, entraînée par la joie que lui occasionnait cet heureux pronostic, s'empara des mains de la religieuse pour les couvrir de baisers et de larmes.

— Enfant, reprit la bonne religieuse, écoutez bien, en vos intérêts, les conseils que je vous donne, celui de feindre la résignation, en sorte de capter l'amitié et la confiance de notre supérieure ; surtout gardez-vous de mettre qui que ce soit dans votre confidence, en n'oubliant pas que dans ce cloître on est entourée d'espions prêts à vous trahir.

Madeleine promit d'être prudente et assura la bonne religieuse de toute sa reconnaissance et que jamais il ne se passerait un jour sans qu'elle priât Dieu pour elle.

— Maintenant, suivez-moi, mon enfant, reprit la religieuse, qui la conduisit dans les salles où religieuses et novices rassemblées étaient en train de travailler à divers ouvrages de couture.

CHAPITRE SIXIÈME.

VI

Depuis un mois, Madeleine habitait le couvent des sœurs de la Miséricorde, où par la douceur de son caractère, son aptitude à remplir les devoirs religieux que lui imposaient l'ordre et sa qualité de novice, elle avait su faire revenir la supérieure sur la fâcheuse prévention que lui avaient inspirée les calomnies débitées sur son compte par l'oncle de son amant, afin de mieux légitimer aux yeux de cette femme la rigueur qu'il exerçait envers elle. Madeleine donc, afin de suivre les bons conseils que lui avait donnés la sœur Marthe (ainsi se nommait la bonne religieuse qui s'intéressait à son sort), feignait la résignation et obéissait en silence.

Cependant le temps s'écoulait, et aucune nouvelle du dehors ne lui parvenait, personne n'était venu à son secours, et Madeleine se croyant oubliée du monde entier, se désespérait, lorsqu'un jour la sœur Marthe vint la trouver dans sa cellule, où elle la surprit en larmes.

— Toujours des pleurs, du désespoir, c'est mal, car le chagrin enlaidit, mon enfant, dit la religieuse en embrassant la jeune fille.

— Hélas! ma chère sœur, comment peut-il en être autrement, lorsque tous mes amis m'abandonnent et qu'il n'est aucun espoir pour moi de sortir de cette maison, qui sera mon tombeau, soupira Madeleine.

— Cependant, mon enfant, je vous ai dit d'espérer, mais je vois que vous manquez de confiance en mes promesses, dit la religieuse en souriant. En tout il faut apporter un peu de résignation, de patience et attendre le moment opportun, mais grâce à Dieu, le voilà venu. Apprenez que tour-à-tour mes sœurs et moi nous sommes autorisées à sortir pour aller par la ville faire emplette de menue mercerie nécessaire à la maison, et que c'est demain mon tour de me rendre à Paris. Or, écrivez à votre amie, cette bonne baronne de Brias, indiquez-lui le lieu où vous êtes retenue, ce qu'on exige de vous, appelez-la à votre secours, enfin dites-lui qu'elle vienne vous réclamer au nom du roi, la seule puissance capable de lutter contre vos ennemis et de vous faire ouvrir les portes de ce couvent. Ecrivez et remettez-moi votre lettre ce soir, afin que je puisse demain la jeter à la poste.

Madeleine, que cette proposition venait de remplir d'espoir et de bonheur, remercia la sœur Marthe, dont elle baisa les mains avec reconnaissance.

— Chère enfant, vous rendre à la liberté, à vos chères amours, est un devoir que Dieu et mon cœur m'imposent;

Dieu, parce qu'il veut qu'on se donne à lui librement, qu'il n'accepte pas les vœux forcés ; moi, parce que, ayant jadis souffert tout ce que vous souffrez en ce moment, je vous prends en pitié et veux vous rendre la félicité dont on me priva jadis inhumainement.

Les choses étant ainsi convenues, la sœur Marthe se retira en laissant à Madeleine le papier, la plume et l'encre qu'elle avait apportés en cachette.

Madeleine se mit à écrire, et sa lettre

terminée fut remise à la sœur Marthe, qui, fidèle à sa promesse, la jeta le lendemain à la poste.

Malgré le court trajet qu'avait à franchir cette missive pour arriver à sa destination, ce ne fut que trois jours après son départ qu'elle arriva à Pont-Chartrain et au château de Brias.

La baronne, en recevant la lettre, poussa un cri de joie, car, rien qu'à la suscription, elle avait reconnu l'écriture de Madeleine. La baronne s'empressa de briser le cachet et lut avec empressement.

— Grand Dieu ! enfermée dans un cloître, contrainte d'y prononcer des vœux éternels si nous ne venons à son secours ! s'écria la baronne avec effroi et affliction, pour s'empresser ensuite de courir à l'appartement de son mari, afin de lui communiquer le contenu de la lettre.

— C'est fâcheux, j'en conviens, mais si c'est de par l'ordre du roi que cette pauvre fille est enfermée, que pouvons-nous y faire? répondit le baron avec insouciance.

— Je vais vous le dire, moi, monsieur, reprit la baronne avec vivacité. Il faut que vous alliez aussitôt à Versailles solliciter une audience du roi, afin de lui raconter la violence dont Madeleine, sa protégée, dont il se souviendra, a été la victime de la part du comte de Charly et solliciter de Sa Majesté la mise en liberté de cette innocente et malheureuse jeune fille.

— Mais, madame, encore une fois, si c'est le roi qui l'a fait enfermer, ainsi que je le suppose?

— Allons donc! le roi a, ma foi, bien autre chose à s'occuper que de faire cloîtrer les filles, et je vous dis, moi, qu'il est fort innocent et très-ignorant dans toute cette affaire, qui n'est autre qu'un abus de pouvoir.

— C'est possible, mais le comte de

Charly est puissant à la cour, et je crains, en me mêlant de cette affaire, de l'indisposer contre moi.

— Eh! monsieur, vous avez toujours peur ! En vérité, cela est d'un ridicule outré, fit la baronne avec humeur.

— Ne vous fâchez pas, ma mie, et veuillez réfléchir combien est délicate la mission dont vous me chargez, et qu'en pareille circonstance je courrais le risque d'indisposer la cour et la noblesse contre moi en allant contre leurs actes.

— Alors, monsieur, comme à tout prix je veux sauver Madeleine, c'est moi qui agirai, puisque vous refusez de lui être utile, reprit la baronne avec dépit, pour aussitôt quitter le baron et rentrer dans son appartement, où elle s'empressa d'écrire ces quelques mots qu'elle adressait au marquis de Vardes :

« Venez vite, j'ai à vous parler. »

Cette lettre, pliée et cachetée, fut aussitôt confiée à un valet dont elle était sûre, avec ordre de monter à cheval et de la porter vivement à Versailles, où elle savait le marquis à ce moment.

La mission ayant été remplie avec adresse et fidélité, le marquis, le même jour, se rendait avec empressement auprès de la baronne, qui commença, avant tout, par lui faire lire la lettre de Madeleine.

— Oh! je la reverrai! je l'arracherai à cet odieux couvent, dussé-je y mettre le feu! s'écria de Vardes après avoir lu.

— Marquis, c'est au roi qu'il faut nous adresser, n'est-ce pas? dit la baronne.

— Ce serait trop long, madame, car elle souffre, elle se meurt de désespoir.

— Mais, alors, quel moyen comptez-vous donc employer pour la sauver?

— L'adresse ou la force, répliqua de Vardes, en proie à la plus vive émotion, et tout en marchant à grands pas dans la chambre.

— Vous échouerez alors : Croyez-moi, allons trouver le roi, implorer sa protection, le roi auquel vous rappellerez Madeleine, et qui ne pourra se refuser à lui rendre la liberté.

— Tout cela nous demandera trop de temps, car, dès demain, je veux que Madeleine soit rendue à mon amour.

— Prenez garde, marquis, qu'en voulant trop précipiter les choses, de manquer votre but. Réfléchissez qu'une tentative manquée, en donnant l'éveil au couvent, peut nuire à Madeleine, envers laquelle les fanatiques religieuses redoubleraient de surveillance.

— Madame, trouvons ensemble le moyen de faire parvenir un mot d'écrit à Madeleine, dans lequel je l'instruirai que mon intention est de l'enlever, et je réponds de sa délivrance, dit de Vardes.

— N'écrivez rien, et laissez-moi agir, marquis.

— Qu'espérez-vous faire, alors?

— Me présenter moi-même au couvent, faire en sorte de parler en secret à la sœur Marthe, si ce n'est à Madeleine, afin de prévenir notre amie que demain soir, à la nuit, vous l'attendrez dans le jardin du couvent, dont vous aurez escaladé les murs, est-ce cela ?

— Parfait, baronne! s'écria le marquis.

— Alors, venez donc me prendre demain pour nous rendre ensemble à Chaillot où, en sortant du couvent, je vous ferai part aussitôt de ce que j'aurai fait, dit la baronne.

Le lendemain de cet entretien, la baronne de Brias se faisait annoncer à madame la supérieure du couvent des Sœurs de la Miséricorde, et, en sa double qualité de femme et de baronne, était admise dans l'appartement de l'abbesse, devant qui elle se présentait comme désirant lui confier l'éducation d'une nièce orpheline à laquelle elle portait un vif intérêt, et à qui son père et sa mère avaient laissés en mourant une grande fortune. A ces derniers mots, qui venaient d'éveiller la cupidité de l'abbesse, qui déjà entrevoyait une proie à saisir, après qu'elle aurait étouffé les idées mondaines de ladite orpheline, et enchaîné sa volonté sous le voile lugubre de la religieuse, l'abbesse, donc, s'empressa de combler la baronne de prévenances et de félicitations, tout en faisant valoir le bon ordre de la maison, la douceur des règlements, enfin, tout le bien-être dont étaient entourées les pensionnaires de la communauté, puis ensuite, comme preuve à l'appui de ce qu'elle avançait, elle fit l'offre à madame de Brias de visiter la maison et les vastes jardins qui en dépendaient, proposition que notre baronne accepta avec autant de joie que d'empressement.

Après une interminable promenade à travers les vastes salles d'étude, les réfectoires, les dortoirs, où les regards de la baronne s'étaient vainement efforcés de reconnaître Madeleine parmi toutes les femmes qui allaient et venaient, l'abbesse conduisit la visiteuse à la chapelle, où en ce moment se trouvait une seule femme portant le costume de novice, laquelle, agenouillée sur la dalle, priait avec ferveur et ne leva pas même les yeux au bruit que firent en entrant l'abbesse et la baronne.

— Bien ! ma fille, priez, car la prière sanctifie l'âme, dit la supérieure à la novice en passant auprès d'elle ; paroles auxquelles répondit la jeune fille en levant timidement son regard.

— C'est elle! se dit la baronne tremblante.

Et comme Madeleine, qui croyait aussi la reconnaître, se redressait pour mieux la regarder, madame de Brias s'empressa de placer son doigt sur ses lèvres, puis, profitant de l'instant où l'abbesse s'agenouillait devant l'autel pour balbutier une prière, la baronne sortit un petit papier de sa poche qu'elle montra de loin à Madeleine, pour ensuite le jeter sous un banc, étant bien certaine que la jeune fille, aussitôt que l'abbesse et elle se seraient éloignées, se hâterait de le ramasser. Ce que fit en effet la jeune fille, qui s'empressa de cacher ledit papier dans son sein, pour aussitôt courir s'enfermer dans sa cellule et lire ces mots :

« Courage et espérance! Demain à la
» nuit close, dans le jardin et près du

» mur de gauche, soyez-y et attendez. »

— J'y serai ! fit Madeleine, qui aurait cru commettre un crime de lèse-amitié en cachant à la sœur Marthe ce qui venait de lui arriver, en ne lui communiquant pas ce que contenait le papier, guetta la bonne femme au passage, puis la fit entrer dans sa cellule pour lui montrer l'écrit.

— Allons, notre lettre a produit l'effet que j'attendais, et je m'en réjouis pour vous, mon enfant, fit la religieuse en embrassant Madeleine.

— Sœur, qu'exige-t-on de moi ? Pourquoi me dit-on de me trouver demain soir dans le jardin? interrogea la jeune fille.

— Pour vous enlever sans doute, chère petite ; moyen violent qu'auront pris vos amis, n'en ayant sans doute pas d'autres à leur disposition ; et comme il s'agit d'éviter toute surprise, afin de donner à vos amis le temps d'agir, je me charge, en qualité de surveillante de la maison, d'éloigner du jardin les importuns qui seraient tentés de vous gêner par leur présence.

— Ah ! que vous êtes bonne, ma sœur, et combien votre souvenir me sera cher et précieux ! Hélas ! que ne puis-je vous emmener avec moi, vous, mon ange sauveur ! Combien il me serait doux alors de vous servir, de vous aimer, de vous respecter comme une mère adorée !

— Il n'y faut pas songer, mon enfant ; ici est le tombeau qu'on m'a creusé et il y aurait folie de m'en éloigner à mon âge. D'ailleurs, qu'irais-je faire dans ce monde qui m'a oubliée, où je serais étrangère, perdue ?

— Hélas ! me faut-il donc perdre entièrement l'espoir de vous revoir jamais, vous mon amie, ma consolation, ma bienfaitrice ?

— Oui, Madeleine, le jour où vous aurez franchi les murs de ce couvent, vous aurez embrassé sœur Marthe pour la dernière fois, mais ses vœux et ses prières seront encore pour vous et vous suivront dans le monde.

Madeleine se mit à pleurer et sa joue se colla humide sur celle de la sainte et charitable femme, dont le fanatisme n'avait pas gâté le cœur.

CHAPITRE SEPTIEME.

VII

Le lendemain arriva, puis l'heure attendue de Madeleine avec tant d'impatience; alors, à la nuit close, la jeune fille s'arracha des bras de sœur Marthe pour se glisser tremblante dans le jardin, où elle fut se réfugier près du mur indiqué.

Un quart-d'heure passé dans une mortelle attente, et Madeleine vit apparaître une tête, puis un corps au-dessus de la muraille. Une échelle fut passée par dessus et un homme la descendit.

— Madeleine! appela-t-il à mi-voix, tout en portant ses regards de tous côtés.

— Je suis là, répondit la jeune fille, qui se soutenait à peine et que le marquis vint saisir à bras le corps pour l'emporter, puis monter l'échelle, et, parvenu au sommet, la remettre dans les bras d'un autre personnage, qui ayant gagné terre, courut la déposer dans une chaise de poste, où le marquis vint prendre place à ses côtés.

— Fouette, postillon! cria de Vardes, et les chevaux partirent avec la rapidité de l'éclair.

— Mon Dieu, protégez-la! s'écria alors sœur Marthe, qui, de loin, avait tout observé, en entendant la voiture s'éloigner.

— Monsieur le marquis, dit Madeleine devenue plus calme, avec une dignité froide, j'étais loin de m'attendre que ce serait à vous que je devrais ma liberté, et cependant, après avoir réfléchi, il ne me surprend pas que ce soit le neveu qui s'empresse de réparer les injustices de l'oncle.

— Madeleine, je devine, moi, à votre froideur que le mensonge et la calomnie ont trouvé accès auprès de vous; je m'aperçois avec chagrin que je ne règne pas assez souverainement dans votre cœur pour que les mauvaises pensées ne puissent y trouver accès. Je sais, ma tendre amie, qu'on m'a accusé auprès de vous d'inconstance, de parjure; que, guidé par l'ambition, je vous oubliais pour m'unir à une autre que vous. Et vous avez pu croire à tout cela? croire que je pouvais oublier Madeleine et les serments que je lui ai faits? Et vous n'avez pas deviné tout de suite que la trahison s'était placée entre nous, que tout cela était l'œuvre de mon oncle, des valets infidèles qui lui livraient les lettres que je n'ai cessé de vous écrire et celles que vous m'avez adressées!

— Il se pourrait! s'écria la jeune fille avec surprise et joie.

— S'il en était autrement, Madeleine,

serais-je en ce moment auprès de vous ? aurais-je autant souffert en apprenant votre disparition, dont j'accusais le vicomte de Bracieux, cet autre ennemi de notre bonheur ?

— Hélas ! et moi aussi j'ai été bien malheureuse, au point d'en perdre tellement la tête, que, cédant aux instances de la baronne de Brias, non moins irritée que moi contre vous, j'avais consenti à devenir la femme d'un homme que je ne pouvais jamais aimer.

— Je sais cela, Madeleine, et j'en ai frémi; car si ce mariage odieux, qui vous ravissait pour toujours à ma tendresse, s'était accompli, je me serais tué de désespoir. Mais Dieu, ma chère Madeleine, n'a pas permis qu'un pareil malheur se réalisât; et loin d'en vouloir à mon oncle de la rigueur dont il vous a rendue victime, remercions-le, au contraire, et ne voyons en lui que l'instrument dont le ciel s'est servi pour empêcher votre mariage et vous conserver à celui qu'il destine à devenir un jour votre époux! termina de Vardes en pressant tendrement la jeune fille dans ses bras.

Encore une longue causerie d'amour où les deux amants se renouvelèrent leur serment d'une fidélité éternelle, d'attendre, avec patience et courage, l'heureux instant où il leur serait permis d'être unis l'un à l'autre, et surtout de n'accepter que comme imposture tout propos qui tendrait à ébranler leur amour, à les faire douter de cette mutuelle constance qu'ils se juraient. Puis nos deux amants scellèrent par un baiser, le premier qu'ils se fussent donné, ce pacte d'amour et de constance.

— Mais, reprit Madeleine, où me conduisez-vous donc, mon ami?

— Aux portes de Versailles, Madeleine, où, dans une auberge dont la probité du maître m'est connue, vous attendrez, cachée à tous les yeux, que je vous aie fait préparer un appartement convenable où vous vivrez, heureuse et tranquille, de la pension que vous a faite Sa Majesté.

— A Versailles! près de la cour! Mais, de Vardes, ne craignez-vous pas que j'y sois reconnue par votre oncle ou par le vicomte de Bracieux, qui fréquente ce séjour royal, deux ennemis dont la rencontre nous serait funeste?

Le marquis s'empressa de rassurer la jeune fille en lui disant que Versailles était tellement fréquenté qu'on y était perdu dans la foule, et qu'il était beaucoup plus facile d'y vivre ignoré que partout ailleurs ; ensuite, que lui-même, forcé d'habiter cette ville les trois quarts de l'année, il lui serait permis de la voir souvent sans que ses visites fussent remarquées le moins du monde.

Madeleine, qui s'était facilement rendue à ces raisons, supplia de Vardes de s'informer de ce qu'était devenue Jeannette, sa jeune servante de Dammartin, et, si cette fille y était consentante, de la lui envoyer le plus tôt possible.

Le marquis promit de remplir cette commission, et comme ils approchaient de Versailles, et qu'il faisait encore nuit, de Vardes donna ordre d'arrêter, afin d'attendre la naissance du jour; puis il quitta la chaise de poste pour se promener sur la route le temps que Madeleine allait mettre à quitter ses habits de novice pour revêtir ceux que la baronne de Brias lui avait fait préparer et déposer dans la voiture.

La transformation étant terminée, la marquis vint reprendre sa place, et comme le jour pointait, la chaise de poste se mit en marche pour traverser Versailles et aller s'arrêter, sur la route de Trianon, dans la cour d'une auberge où la jeune fille fut installée dans une chambre, et que son amant laissa libre de se livrer au repos, dont Madeleine, brisée par les émotions, ressentait l'impérieux besoin.

Midi était sonné lorsqu'après avoir goûté un sommeil bienfaisant et réparateur, Madeleine s'étant éveillée, elle s'empressa de quitter le lit pour s'habiller à la hâte afin d'être prête lorsque de Vardes viendrait lui faire la visite qu'il lui avait annoncée.

Madeleine ayant terminé sa toilette, et en attendant qu'on lui apportât son déjeûner, ouvrit une fenêtre et s'y accouda afin d'admirer le magnifique panorama qui s'offrait à ses regards, de contempler avec autant de surprise que d'admiration les palais de Versailles, de Trianon, qu'elle apercevait au loin, puis, d'un autre côté, les bois, les côteaux qui se déroulaient à perte de vue.

Ce fut sur les deux heures de l'après midi que le marquis se présenta chez elle, plus tendre et plus empressé que jamais, pour s'informer de l'état de sa santé, l'entretenir de son amour et lui annoncer qu'il s'occupait activement de lui faire préparer un logement digne d'elle où il espérait l'installer sous deux jours, pour se rendre ensuite à la recherche de Jeannette, de cette servante zélée qu'il espérait lui ramener.

Les deux amants passèrent la journée ensemble, et, le soir, s'échappèrent de l'auberge pour faire une longue promenade en voiture à travers les bois, et, la nuit étant venue, retourner à la ville, qu'ils parcoururent à pied, où la vue du château frappa Madeleine d'étonnement et d'admiration.

Le lendemain, autre visite de l'amant dans la matinée, afin de prévenir Madeleine qu'étant mandé par le roi, et ne sachant combien de temps Sa Majesté le retiendrait, qu'elle n'eût à s'inquiéter si elle ne le voyait pas revenir de la journée.

En effet, la journée s'était écoulée sans que de Vardes reparût; mais ce fut un messager envoyé par lui, et chargé de lui remettre une lettre, qui se présenta à sa place.

Madeleine, qu'un rien plongeait dans une vive inquiétude, aussitôt que le messager se fut retiré, s'empressa de décacheter la lettre et d'en prendre connaissance :

« Ma bien-aimée, lui disait le mar-
» quis, une fatalité que je ne puis com-
» prendre s'attache après moi pour con-

» trarier mes plus chers désirs et me
» séparer de vous. Jugez-en!

» Ce matin, je me suis rendu chez le
» roi, ainsi que me l'ordonnait sa vo-
» lonté. Le prince me faisait appeler
» pour me confier une mission secrète
» et importante qu'il me faut remplir
» sans délai, et qui me force de quitter
» Versailles à l'instant même, de m'éloi-
» gner de vous pour huit mortels jours;
» tout cela, sans me laisser le temps
» d'aller vous porter moi-même cette

» fâcheuse nouvelle ni de pouvoir vous
» rassurer.

» Je pars, Madeleine ; quand vous re-
» cevrez cette lettre, je serai déjà loin,
» mais, en attendant mon retour, vivez
» en repos, car aucun malheur nouveau
» ne vous menace, et dans huit jours
» je reviens tomber à vos pieds afin de
» vous répéter du fond de mon cœur :

» Madeleine, je vous aime ! Madeleine,
» je suis à vous pour la vie ! »

Madeleine a lu, et son cœur s'oppresse, des larmes s'échappent de ses yeux. Huit jours sans le voir! quel tourment, et comment pourra-t-elle vivre tout ce temps éloignée de celui qu'elle aime!

Cette première journée s'écoula pour notre héroïne dans les larmes et l'ennui, et le soir comme pour assombrir encore plus ses pensées un violent orage éclata. Madeleine, que les éclairs aveuglaient, avait pris le parti de fermer les yeux, et dans cette position, assise sur un canapé, elle s'était laissé aller aux sérieuses et tristes réflexions que lui inspirait sa position lorsque le sommeil vint la surprendre malgré elle, et la plonger dans l'assoupissement; mais quelle ne fut pas la surprise de Madeleine dont un léger bruit venait d'ouvrir la paupière, en apercevant un homme d'un âge mûr, d'une mise élégante, qui, placé debout devant elle, la contemplait d'un regard rempli de douceur et d'intérêt.

Notre jeune fille, autant effrayée que surprise, ne put maîtriser un mouvement qui dénotait la crainte.

— Rassurez-vous, mademoiselle, fit l'inconnu d'une voix douce, mon intention n'était pas, lorsque je suis entré dans cette chambre, de vous effrayer ni de troubler votre repos ; le peu de connaissance que j'ai des êtres de cette maison, où l'orage m'a forcé de me réfugier, m'a fait prendre votre chambre pour celle où je désirais me reposer un

instant avant d'entrer dans Versailles;
j'allais me retirer dès que j'ai eu connu
ma méprise : mais je vous avouerai
que surpris de trouver une personne
aussi accomplie que vous, et quoique
je sois un vieillard, je n'ai pu me défendre du plaisir de vous admirer; vous
êtes trop belle pour ne pas être indul-
gente, ce qui me fait espérer que vous
daignerez agréer mes excuses.

Madeleine, en écoutant ces paroles,

avait attentivement examiné le vieillard dont l'aspect, loin de l'effrayer, lui causait un secret plaisir et auquel elle s'empressa de répondre avec autant de politesse que de bienveillance.

— Est-il possible que tant d'esprit se joigne à tant de beauté et de modestie ? bien heureux sera celui, mademoiselle, qui possèdera le cœur d'une personne aussi accomplie que vous, reprit l'inconnu en accompagnant ces paroles d'une sourire bienveillant.

— De grâce, monsieur, prenez garde que des discours aussi flatteurs ne me donnent trop de vanité et ne diminuent un mérite qu'exalte votre extrême indulgence, répondit modestement Madeleine en retirant vivement sa main dont s'était emparé l'inconnu après s'être assis près d'elle.

-- Ne repoussez pas ainsi les louanges que je vous adresse avec justice, mademoiselle, il est vrai que je pense et m'exprime avec toute la vivacité d'un jeune homme, mais vous n'avez rien à redouter des transports que vous faites naître en moi, vous inspirez trop de respect, et la vertu peinte dans tous vos traits impose assez pour réprimer la pétulence des désirs.

— Oh ! je ne redoute rien, monsieur, car je suis convaincu qu'une femme honnête, est non-seulement en sûreté auprès de vous, mais qu'elle ne peut que gagner beaucoup lorsquelle est assez heureuse pour vous inspirer l'estime de sa personne et jouir de votre entretien.

— Plus je vous admire et vous entends, mademoiselle, plus je sens combien il m'eût été facile de faire le bonheur d'un neveu que j'aime comme s'il était mon fils, si c'eût été d'une personne aussi accomplie que vous dont il se fût épris, prononça l'inconnu de l'expression de la douleur et du regret. Mais s'attacher à une fille de rien, née dans la fange, une paysanne enfin, s'en engouer au point d'entasser affaires sur affaires, de me manquer de respect, à moi son bienfaiteur, c'est ce que je ne puis supporter. Certes, je compâtis aux faiblesses du jeune âge, car je sens qu'à la place de mon neveu j'en aurais au dernier point pour une personne aussi charmante que vous, mais s'attacher à une coureuse qui, certaine de l'empire qu'elle exerce sur le cœur de mon neveu, l'a engagé jusqu'ici à tant d'étourderies et de mauvais pas, que sa mauvaise conduite a éclipsé toutes les bonnes qualités qu'on lui connaissait.

FIN DU DEUXIÈME VOLUME.

Argenteuil — Impr. Worms et Cie.

NOUVEAUTÉS EN LECTURE

DANS TOUS LES CABINETS LITTÉRAIRES.

Les trois Fiancées, par Emmanuel GONZALÈS. 3 vol. in-8.
Les Marionnettes du Diable, par X. DE MONTÉPIN, 6 vol. in-8.
Le Diamant du Commandeur, par PONSON DU TERRAIL. 4 vol.
Le Douanier de mer, par ÉLIE BERTHET, 5 vol. in-8.
Mlle de la Rigolboche, par Maximilien PERRIN. 4 vol. in-8.
Morte et Vivante, par Henry de KOCK. 3 vol. in-8.
Daniel le laboureur, par Clémence ROBERT. 4 vol. in-8.
Les grands danseurs du roi, par Ch. RABOU. 3 vol. in-8.
Le Pays des Amours, par Maximilien PERRIN. 3 vol. in-8.
La jeunesse du roi Henri, par PONSON DU TERRAIL. 6 vol in-8.
L'Amour au bivouac, par A. DE GONDRECOURT. 5 vol. in-8.
Les Princes de Maquenoise, par H. de SAINT-GEORGES, 6 v. in-8.
Le Cordonnier de la rue de la Lune, par Théod. ANNE. 4 v. in-8.
La Belle aux yeux d'or, par la comtesse DASH, 3 vol. in-8.
La Revanche de Baccarat, par PONSON DU TERRAIL, 6 vol. in-8.
Le Roi des gueux, par Paul FÉVAL, 6 vol. in-8.
Une Femme à trois visages, par Ch. Paul de KOCK, 6 vol. in-8.
Une Existence Parisienne, par Mme de Bawr, 3 vol. in-8.
Les Yeux de ma tante, par Eugène SCRIBE. 6 vol. in-8.
Les Exploits de Rocambole, par PONSON DU TERRAIL. 8 vol. in-8.
Le Bonhomme Nock, par A. de GONDRECOURT. 6 vol. in-8.
Le Vagabond, par E. ENAULT et L. JUDICIS. 4 vol. in-8.
Les Ruines de Paris, par Charles MONSELET. 4 vol. in-8.
Les Viveurs de Province, par Xavier de MONTEPIN. 6 vol. in-8
Les Coureurs d'Amourettes, par Maximilien PERRIN. 3 vol. in-8.
La dame au gant noir, par PONSON DU TERRAIL. 8 vol. in-8.
Les Émigrants, par Elie BERTHET. 5 vol. in-8.
Les Cheveux de la reine, par madame la comtesse DASH 3 vol. in-8.
La Rose Blanche, par Auguste MAQUET, 3 vol. in-8.
La Maison Rose, par Xavier DE MONTÉPIN, 6 vol. in-8.
Le club des Valets de Cœur, par PONSON DU TERRAIL, 8 vol. in-8.
Monsieur Cherami, par Ch. PAUL DE KOCK, 5 vol. in-8.
L'Envers et l'Endroit, par Auguste MAQUET. 4 vol. in-8.
Le Prix du sang, par A. DE GONDRECOURT. 5 vol. in-8.
Nena-Sahib, par Clémence ROBERT. 3 vol. in-8.
La Reine de Paris, par Théodore ANNE. 3 vol. in-8.
Un ami de ma femme, par Maximilien PERRIN. 3 vol. in-8.
La Maison mystérieuse, par mad. la comtesse DASH. 4 vol. in-8.
Le Bossu, aventures de cape et d'épée, par Paul FÉVAL. 5 vol. in-8.
La Bête du Gévaudan, par Élie BERTHET. 5 vol. in-8.
Les Spadassins de l'Opéra, par PONSON DU TERRAIL. 8 vol. in-8.
Le Filleul d'Amadis, par Eugène SCRIBE. 3 vol. in-8.
Les Folies d'un grand Seigneur, par Ch. MONSELET 4 v. in-8.
La Vieille Fille, par A. DE GONDRECOURT. 4 vol. in-8.
Le Masque d'Acier, par Théodore ANNE. 4 vol. in-8.
Le Juif de Gand, par Constant GUÉROULT, auteur de *Roquevert l'Arquebusier*. 4 vol. in-8.
La Princesse Russe, par Emmanuel GONZALÈS. 2 vol. in-8.
La Fille Sanglante, par Charles RABOU. 4 vol. in-8.
La Belle Provençale, par le vicomte PONSON DU TERRAIL. 6 v. in-8.
Le Tigre de Tanger, par Paul DUPLESSIS, et A. Longin. 5 v. in-8.
Le Médecin des Voleurs, par Henry de KOCK. 4 vol. in-8.
Pour la suite des Nouveautés, demander le Catalogue général qui se distribue gratis.

Paris. — Imprimerie de P.-C. BOURDIER et Cie, rue Mazarine, 30.

www.ingramcontent.com/pod-product-compliance
Lightning Source LLC
Chambersburg PA
CBHW060637170426
43199CB00012B/1586